# 포괄적 문제해결학습

조용기 / 김현지

교우사

**조용기**는 현재 대구교육대학교 교육학과 교수로, 교사교육연구소를 통해 교육이론의 실천에 힘쓰고 있다. 저서로는 「교육의 쓸모」(2005, 교육과학사) 등이 있고, 역서로는 「교육의 도덕적 원리」(2011, 교우사), 「흥미와 노력, 그 교육적 의의」(개정판 2015, 교우사) 등이 있다. **김현지**는 현재 대구남산초등학교 교사로, 교사교육연구소의 수석연구원이다.

※

이 책의 1장과 2장 일부는 다음 글을 참조하였음. 조용기(2014). 철학적 재구성: 포괄적 문제해결학습의 경우. 초등교육연구논총(대구교대) 30/2. 143-161.

※

이 책은 2014년 대구교육대학교 교내학술연구비 지원으로 이루어졌음.

우리와 함께한
아이들에게

# 머리말

듀이는 1930년대 「자유주의와 사회적 행동」이란 책에서 인문사회 분야의 이론과 실천 사이의 괴리에 대해 다음과 같이 표현한 바 있다. "자연과학 분야의 발견은 무엇이나 조만간 생산과정의 변화를 초래한다는 사고에 우리는 익숙하다." 그러나 "인간과 인간사에 관한 지식과 관련해서는 그런 기대가 거의 전무하다시피 하다. 후자가 분명 '인간에 관한' 지식이건만, 인간에게 미치는 영향 면에서는 정작 인간과는 거리가 먼 자연과학적 지식보다도 못하다." 이런 듀이의 진단은 근 한 세기가 지난 지금도 유효한 것이 아닌가 싶다.

우리 교육이 당면하고 있는 근본적인 문제의 하나도 이런 이론과 실제 사이의 괴리현상이라 볼 수 있다. 교사교육기관에서는 이론은 난무하나 그 실천 노력이 도외시되고, 학교현장에서는 실천은 가득하나 그 이론적 반성이 소관사적 수준을 넘어서지 못하는 형국이다. 이 책은 이런 실천과 이론 사이의 괴리를 극복하려는 노력의 일환으로 나온 것이다. 대학에서 이론을 전공하는 사람과 학교 현장에서 실천에 힘쓰는 사람이 지난 5, 6년간 이론을 실제 학교 현장에 적용하면서 겪게 된 생각과 그 결과를 함께 책으로 묶어본 것이다.

　이 책은 제목이 "포괄적 문제해결학습"이지만 하나의 "교육학"으로 읽어도 좋을 것이다. 온전한 교육학이라면 이론과 실천을 하나의 체계로 제시할 수 있어야 하지만, 우리 교육학은 그런 점에서 아직 마지막 탈피를 하지 못한 것이 아닌가 싶다. 교육기초학, 교육실제학, 교육경영론 등이 느슨하게 연결되어 있지만 아직 교육학이라는 하나의 유기체를 이루고 있다고 보기는 어렵다. 실천을 위해 이론을 만들고 또 만든 이론대로 실천하려 애쓴 경험을 담은 이 책은 온전한 교육학을 향한 하나의 몸짓으로 보아도 좋을 것이다.

　이 책은 총 3장 및 부록으로 구성되어 있다. 1장 "성격"에서는 흥미, 사고, 협동이라는 개념을 중심으로, 학습이 곧 자기 삶이어야 한다는 포괄적 문제해결학습의 기본철학을 제시한다. 2장 "과정"에서는 이런 철학에 입각한 학습지도가 실제로 어떻게 구성되고 전개되는지를 과학과와 사회과의 한 단원씩을 통해 예시한다. 3장 "효과"에서는 2장에 입각한 학습지도를 실천한 결과 아이들에게 실제로 나타났던 효과를 논의한다. 부록 "제도적 시사"에서는 포괄적 문제해결학습의 보다 확고한 실천을 위해 구비되어야 할 제도적 얼개를 개괄한다.

　필자들이 공동 실천연구를 수행하는 동안 도움을 주신 모든 분들에게 감사드린다. 해당 학교 관계자들은 물론, 논의를 공유했던 상주남부초등학교와 교사교육연구소 선생님들에게도 고마움을 표한다. 연구의 계획 단계부터 참여하여 이론적 실천적 조언을 아끼지 않으신 대구교육대학교 이원희 교수님께 깊은 감사를 드린다. 특히, 포괄적 문제해결학습의 실천을 위해 그 동안 고락을 함께한 대구지역의 한 초등학교 당시 6학년 어린이들에게 고마움과 함께 이 책을 바친다.

2015. 2.
조용기, 김현지

# 차 례

|  |  |  |
|---|---|---|
| | 머리말 | 7 |
| 1 | 정 신 | 13 |
| | 삶으로서의 학습 | 14 |
| | 삶을 위한 학습 | 24 |
| | 최고선의 삶 | 28 |
| 2 | 과 정 | 33 |
| | 과학과 포문학습 | 33 |
| | 사회과 포문학습 | 58 |
| 3 | 효 과 | 79 |
| | 공부가 아닌 자기 일 | 80 |
| | 지식습득이 아닌 지적 성장 | 95 |
| | 사회 도덕적 발달 | 116 |
| | 부 록: 제도적 시사 | 133 |
| | 맺음말 | 147 |

# 1 정 신

포괄적 문제해결학습은 듀이적 문제해결학습이다. "포괄적"이란 수식어가 붙은 이유는 현행 차시중심 문제해결학습으로는 듀이의 의도를 잘 담아내기 어렵다고 보았기 때문이다. 40분마다 새로운 문제를 제기하고 전개, 정리한다는 것은, 특히 아이들 사이에서 활발한 사고를 조장한다는 것은, 사실 불가능에 가까운 일이다.

포괄적 문제해결학습이 포괄적인 이유는, 다시 말해, 단원중심이기 때문이라는 것이다. 한 단원의 대부분의 차시를 포괄할 수 있는 핵심 문제를 선정하여 그 문제를 중심으로 전체 단원을 이끌어 나가는 접근이 포괄적 문제해결학습이다. 물론 포괄적인 문제가 현행 교과서의 단원을 넘어 설 수도, 또 단원의 차시를 모두 포괄하지 못할 수도 있다. 어느 경우이든 포괄적 문제는 한 차시가 아닌 여러 차시를, 이상적으로는 한 단원에 포함될 수 있는 여러 차시를 포괄한다는 의미에서 단원중심 문제라 할 수 있다.

포괄적 문제해결학습은, 기존의 여러 아동중심 학습이론들과 달리 단순히 새로운 방법론이 아니라 목적론이다. 지식습득이라는 기존의 목적을 보다 효율적으로 달성하기 위한 또 하나의 방법론이 아니라, 지식습득 대신 '자기 삶'이라는 새로운 목적을 지향하는 대안적 목적론이다. 또 포괄적 문제해결학습은 캐츠(L. Katz) 유의 프로젝트접근과 달리 학습의 후반부에만 해당하는 접근도 아니다. 전반부에 정규학습이 따로 있고, 후반부에서 앞서 배운 내용이나 기능을 응용할 때 적용되는 학습이 아니다. 교과활동과 대비되는 교과외 활동에만 해당되는 접근도 아니다. 학습 일반이 문제해결의 시간이 되는 학습이 곧 포괄적 문제해결학습이다. 나아가 포괄적 문제해결학습은 킬패트릭(W. H. Kilpatrick) 유의 프로젝트법과 달리 단순히 자기목적성이나 자기활동성이 아니라 반성적 사고에서 그 변별 기준을 찾는다. 단순히 아이들의 조작 혹은 조사 활동을 중시하기보다 가설 설정을 더 중시한다. 듀이와 함께 사고 훈련을 교육의 전부라 보기 때문이다.

듀이 교육철학의 실천 시도 중에서 학년별 국정교과서가 정해져 있는 우리나라 현실을 감안한 시도의 하나가 포괄적 문제해결학습이다. 포괄적 문제해결학습은 교과외 활동으로 빠지기 쉬운 프로젝트학습의 비정형성도 극복할 수 있고, 한 차시를 문제해결 단위로 봄으로써 사실상 탐구가 불가능한 현행 탐구학습도 지양할 수 있다.

## 삶으로서의 학습

**학교는 아이들이 지식을 전수받는 곳이 아니라 자기를 사는 곳이다.** 지식을 전수받아 미래를 준비하는 곳이 아니라 현재를 사는 곳이다. 학교에서 맨 먼저 몰아내야 할 우상은 바로 지식으로, 이것이 사라져야 비로소 아이들이 자신을 살 수 있다. 지식을 전수받을 때가 아니라 자신을 살 때 지식도 습득되고, 미래에 대한 준비를 할 때가 아니라 현재를 한껏 살 때 미래도 준비된다. 자기 삶이, 현재가, 교육의 도달점이자 출발점이다. 그 밖에는 아무 것도 없다. 삶 밖에는 사람이 없다.

아이들도 어른과 똑같이 자신을 살 권리가 있다. 십 년생 소나무는 그 후 죽 살기만 하고, 일년생 소나무는 십 년생이 될 때까지 사는 대신 준비만 한다는 것은 말이 되지 않는다. 마찬가지로 아이는 삶을 준비만 하고 어른은 살기만 한다는 것도 말이 되지 않는다. 어른들도 미래를 준비해야 하듯, 아이들도 현재를 살아야 한다. 어른과 아이의 차이는 살기와 준비의 차이가 아니라 '준비하는 삶' 선상에서 먼저 출발한 사람과 나중에 출발한 사람의 차이일 뿐이다. 나아가 어른이든 아이든 삶에 대한 최상의 준비는 바로 사는 데 있다. 준비가 되어야 무엇을 할 수 있는 것이 아니라, 무엇을 하려할 때 준비가 의미로 다가온다.

## 1. 존재론적 흥미

학교에서 지식을 배우는 대신 자기를 살아야 한다는 것은 결코 아이가 교과관련 활동이 아닌 다른 무엇을 해야 한다는 것이 아니다. 오히려 교과를 배우는 대신 그것을 살아야 한다는 것이다. 교과활동이 단순히 다른 무엇을 위한 수단이 되는 대신 그 자체 내재적 의미를 지녀야 한다는 것이다. 시험이나 진학을 위해 공부를 견디는 대신 공부가 그 자체 내재적 흥미추구가 되어야 한다. 과학 학습이 그 자체로 의미가 된 결과, 아이들이 "선생님, 공부하지 말고 과학해요!"라고 외칠 수 있어야 한다. 선생님이 "다음 시간에 우리 체육할까 과학할까?"라고 했을 때 아이들이 선뜻 대답하지 못하고 망설일 수 있어야 한다.

그러나 단순히 공부를 즐겁게 해야 한다는 것이 아니다. 오히려 공부가 곧 즐거움이어야 한다는 것이다. 공부가 더 이상 공부라는 생각이 들지 않아야 한다는 것이다. 따라서 가르침 '받는' 한 즐겁더라도 능동적 흥미추구는 못된다. 또 즐거움을 '통한' 배움인 한 배움이더라도 아직 자기 삶이라 보기 어렵다. 노래나 게임으로 시작하는 학습은, 혹은 역할극을 통한 학습은, 아직 학습자체가 흥미추구가 된 학습이라 보기 어렵다. 그런 흥미는 그 자체 목적이 되는 존재론적 흥미가 아니라 지식습득의 수단에 머물고 있는 인식론적 흥미이다. 자기 삶으로서의 학습은 흥미를 통한 학습이 아니라 흥미'로서의' 학습이다.

흥미가 없더라도 익혀야 할 내용이란 거의 없다. 기초지식은 흥미와 무관하게 배워야 할 무엇이 결코 아니다. 미래에 닥칠지도 모를 히말라야 등반이라는 요원한 목적을 위해 장비 준비나 실전 연습과 같은 '하기 싫은' 준비를 지금 하는 것이 아니다. 오히려 미래에 이루어질 정복의 기쁨이 현재의 긴 준비과정에도 침투하여 준비 자체가 곧 정복 순간의 일부가 된다. 흥미추구를 위해 그 불가분의 일부로 지금 지식을 습득하고 기능을 익히는 것이지, 먼저 지식을 습득하고 기능을 익혀두어야 나중에 흥미를 추구하게 되는 것이 아니다. 그것은 사실에 위배되는 상상이다. 흥미없이 전달된 지식은 실은 "익혀"지기도 어렵다. 교육의 기초는 오히려 흥미추구의 태도에 있다. 학습이 자기 삶이 되면 독서산의 기능, 지식과 사고, 도덕 등은 십중팔구 저절로 습득된다. 나아가 그런 습득은 단순히 지식이나 기능으로 머무는 대신 그 자체 자기 삶의 일부가 된다.

가르치고자 하는 주제에 흥미를 보이지 않는 아이들이 물론 있을 수 있다. 그러나 아무 것에도 흥미없는 아이는 거의 없다. 그런 기존의 흥미 "사이에" 들어가면 흥미 없던 주제도 그 수단이나 목적이 되어 새로운 흥미가 된다. 당구를 흥미로 사는 사람에게는, 이전에 관심 없었던 '힘의 작용과 반작용'이 당구에 도움이 된다(수단)는 것을 깨닫는 순간 그 역시 흥미가 된다. 자전거 타기가 흥미인 아이가 잦은 시외 자전거 여행을 통해 도로 양편의 절개지에서 지층을 만나게 되면, 조만간 이전에는 관심 없었던 '지층' 탐구가 새로운 흥미(목적)가 된다. 아이가 이미 갖고 있는 흥미 중에서—그것은 표출된 흥미일 수도 있지만 잠재된 흥미일 수도 있다—가르치고자 하는 주제에 맞는 흥미를 들추어내면\* 그 주제도 곧 흥미가 된다.

하기 싫은 학습도 계속 하다 보면 흥미가 붙는 경우가 예외적으로는 있을 수 있다. 그렇지만 일반적으로 강요 끝에 흥미가 생기는 경우는 드물다. 하기 싫은 수학은 수년을 배워도 여전히 하기 싫은 법이다. 6년을 참고 공부하면 7년째부터 공부가 저절로 하고 싶어진다면 '교육학'이 필요 없을지도 모른다. 아직도 교육학

---

\* 포괄적 문제해결학습은 아이들의 현재의 표출된 흥미를 따라가는 탐구지도를 하기도 하지만, 주제에 비추어 아이들의 과거의 잠재된 흥미를 활성화시켜 그것을 탐구의 출발점으로 삼는 경우가 많다.

이 건재하다는 것은 적어도 부분적으로는 흥미가 강요로부터 나오는 것이 아님을 가리킨다.

　어른과 달리 아이는 주의집중 시간이 짧아, 흥미에 입각한 교육은 일관성을 기하기 어렵다는 견해가 있을 수 있다. 그러나 그것은 주로 흥미가 아닌 '하기 싫은 일'에 국한된 경우라 보아야 할 것이다. 하기 싫은 일과 관련해서는 아이가 어른보다 참을성이 떨어질지 모르지만, 좋아하는 일이라면 아이의 집중시간이 결코 어른에 뒤지지 않는다. 몬테소리 유아의 예에서 보듯 주의의 대상이 끊임없이 바뀌는 유아들도 한 가지 활동에 사로잡히면 주위의 방해에도 아랑곳 않고 수십 번씩 반복하는 경향이 있는가 하면, 이 책의 3장에서 보듯 초등학생인데도 같은 주제를 내리 5시간 탐구한 경우도 있었다.

　흥미만 좇는 교육은 심약한 아이를 양산하는 교육이라는 오해도 있을 수 있다. 그러나 강인한 인성은 오히려 강한 흥미에서 나온다. 노력은 흥미가 없기 때문에 하는 것이 아니라 그 때문에 하는 것이다. 히말라야 정복을 위한 가히 초인적인 노력은 그에 대한 강력한 흥미가 전제될 때만 가능하다. 일을 쉽게 포기하는 나약한 자세는 그 일에 대한 흥미가 강하기 때문이 아니라 약하기 때문이다. 강한 인성은 흥미의 종속변인이다.

　한 학급이 서른 명이라 하여 흥미도 서른 개가 되는 것은 아니다. 매일 시공을 함께하는 아이들에게 흥미는 개별화되기보다 공유된다. 흥미가 사회적으로 공유될 수 없다면 '유행'이라는 현상이 있을 수 없다. 제기차기가 유행하면 전국이 들썩이고 청바지가 유행하면 세계 젊은이들이 동참한다. 학생 수가 너무 많아도 공유가 어렵지만, 그 수가 너무 적어도 상승작용이 일어나기 힘들다.

교과에 따라 아이의 흥미의 정도가 다르다는 것은 사실이다. 그러나 개인적으로 강한 적성뿐 아니라 약한 적성도 즐길 수 있을 때 인생은 더욱 풍부해진다. 나아가 약한 흥미도 집단 속에서 추구되면 상승기류를 만나 보다 강한 흥미가 될 수 있다. 나중에 진로를 정하기 위해서라도 처음부터 모든 종류의 흥미를 즐길 필요가 있다.

물론 사람이 늘 흥미 속에서만 살 수는 없다. 그렇지만 흥미추구가 삶의 중심은 될 수 있고, 그렇게 되면 나머지 삶들도 그 일부가 되거나 최소한 견딜만한 무엇이 된다. 삶의 대부분을 다른 무엇을 위한 수단으로 견디어야 한다면 그것은 삶으로서 문제가 있다. 흥미가 결여된 삶이 분열된 인생을 초래하기 쉽다면 흥미중심의 삶은 통합된 인생을 열어준다.

## 2. 사고로서의 흥미

그러나 내재적 흥미추구의 교실은 그저 즐겁기만 한 교실이 아니다. 문제가 있어서 즐거운 교실, 사고의 기회가 있어 즐거운 교실이다. 우리가 무엇에 흥미를 가진다는 것은 그와 관련해 아직도 해결되지 않은 구석이 있다는 것이고, 그 해결에 안달한다는 것이다. 흥미를 사는 아이가 교실에서 하는 것이라곤 사실 사고 밖에 없다. 듀이 말대로 지식습득과 기능훈련에 더하여 사고도 훈련하는 것이 아니라 사고훈련이 학습의 전부이다. 해당 교시 중 5분 혹은 기껏해야 10분 사고하는 대신 단위시간 내내 사고한다.

초등학교에서는 사실적 지식이나 익히고 나중에 중등학교에 가서 '왜?'나 '어떻게?'의 문제에 관심가지라는 교육과정 편성지침보다 더 "생각없는" 교육방침도 없을 것이다. 학습문제와 하나가 된 결과 자료수집에 시간 가는 줄 모르고, 모색되던 가설이 임박함에 가슴 두근거리고, 설정된 가설이 진으로 검증될 때 함께 유리카를 외치는 것이 아이들이, 사람이라면 누구나, 맛볼 수 있는 최상의 경험이다. 인생 최고의 경험이다. 사고 밖에는 아무 것도 없다.

통념과 달리 사고는 교육의 사치가 아니라 본질이라는 것이다. 있으면 더 좋을 무엇이 아니라 없으면 안될 무엇이다. 옷의 가장자리를 장식하는 레이스가 아니라 그 몸통이다. 사고가 요청되지 않은 인생은, 오늘이 어제같고 내일이 오늘같은 관행적 인생은, 다른 조건이 충족되더라도 결코 살만한 인생이라 보기 어렵다. 대학교수뿐 아니라 농부에게도—사실 어느 누구에게도—연구가 불가결한 삶의 조건이 된다는 것이다. 그러므로 창조적 사고교육은 기초교육에 더해서 해야 할 덤일 수 없다. 창조적이지 못한 교육은 단적으로 교육이 아닌 것으로, 기초교육이라 하여 여기서 예외일 수 없다. 사고야말로 기초 중의 기초이다. 독서산이나 "핵심지식"이 아니라 사고가 교육의 기초이다. 듀이말대로 학교가 할 수 있고 또 해야 될 일이라곤 사고훈련 밖에 없다.

지적 기초가 먼저 마련되어야 비로소 사고도 가능하다는 생각은 문제있는 생각이다. 학교교육은 나중의 사고를 위한 지적 기초를 다지는, 단순히 준비하는 기간이 아니다. 사실 사고를 위한 기초적 지식을 갖추지 않은 사람은 거의 없다. 3살 아기도 자기 수준에서는 사고할 기초가 되어 있으며, 33살 어른도 자기 수준을 넘어서는 문제 앞에서는 그것을 공략할 준비가 되어 있지 않다. 아이와 어른의 차이는 판단에 앞서 준비를 해야 할 시기와 판단하는 시기의 차이가 아니라, 판단하는 수준상의 차이에 불과하다. 연령을 불문하고 사람은 곧 사고하는 사람으로, 현재 사고를 유예하면 나중에도 사고하기 어렵다. 사고와 지식은 시간적 선후의 문제가 아니라 동시적 주종의 문제이다. 지식은 사고라는 나무의 거름이나 열매에 불과하다. 문제해결의 자료나 해답이 될 때만 지식은 의미있는 지식이 된다.

　물론 교과에는 주지적 교과뿐 아니라 예술적 교과도 있다. 그러나 예술적 교과라 하여 사고를 면제받을 수 있는 것은 절대 아니다. 주지적 교과뿐 아니라 예술적 교과도 그 최상을 위해서는 고도의 사고가 요청된다. 자기 생에 대한 남다른 반성과 음미가 없이는, 대상에 대한 깊은 통찰이 없이는, 관점이나 기법에 대한 남다른 역사적 조예와 실험이 없이는, 결코 예술적 수월을 기대할 수 없다. 나아가 보닛(M. Bonnett)의 말대로 사고에는 합리적 분석적 사고만 있는 것이 아니라 시적 수용적 사고도 있다. 시적 조각가는 돌이라는 재료의 성질을 무시하고 그 위에 자신의 생각을 강제하는 대신, 돌이 자신의 성질을 잘 드러낼 수 있도록 그 재질을 따라 조각하는 사람이다. 이런 시적 사고도 합리적 사고 못지 않게 훈련과 육성이 요청된다. 돌의 숨결을 들을 수 있도록 귀 기울이는 연습이 필요하다. 시적 사고이든 합리적 사고이든 학교에서 아이들이 할 수 있는 것이라곤 사고를 사는 것밖에 없다. 체육이라고 여기서 예외일 수 없다.

## 3. 흥미의 공유

내재적 흥미추구의 즐거움은 개인적 소관사로 멈추기가 어렵다. 노력 끝에 익힌 기타 주법은 누구에겐가는 들려주지 않으면 안되고, 어렵게 알아낸 수학문제의 해답은―마침내 그 해결에 당도한 희열은―혼자 가슴 속에 묻어두기에는 벅차다. 내재적 흥미추구는 공유가 어려운 것이 아니라 독점이 어렵다는 것이다. 더구나 흥미추구의 과정 자체가 공유될 때 결과되는 희열은 배가(倍加)되고 삼가(三加)된다. 1+1+1은 3이 아니라 5가 되고 8이 된다. 공동 관심사에 관한 대화는 때로 밤새는 줄 모르고, 범어네거리에서 어울려 하는 월드컵축구 응원은 그 희열이 가히 폭발적이다.

흥미추구 자체가 학습의 의미가 되면 아이들 사이에 경쟁이 아니라 협동 관계가 성립된다. 과정의 내재적 가치는 그에 부수하는 외재적 가치와 달리 희소가치가 아닌 무한 가치이기 때문이다. 명리와 같은 희소가치는 참여자가 많을수록 개인 몫이 적어지고 따라서 경쟁관계가 성립될 수밖에 없지만, 과정에의 동참과 같은 무한 가치는 참여자가 많을수록 오히려 개인 몫도 커지게 되어 십중팔구 협동적 관계가 성립된다. 세상에는 나눌수록 적어지는 가치도 있지만 그럴수록 더 커지는 가치도 있다는 말이다. 독주보다는 중주가, 중주보다는 수십 수백 명이 참여하는 관현악 합주가 개인 연주자에게 주는 희열도 그만큼 더 크다. 사회가 복잡해질수록 그 문제해결을 함께 할 수밖에 없지만, 또 함께 하는 문제해결이 참여자들에게 가져다는 주는 희열도 훨씬 크다. 이같이 내재적 흥미추구는 상생과 상조의 바탕이 된다.

물론 축구게임과 같이 성격상 경쟁을 피할 수 없는 일도 있을 수 있다. 그러나 그런 경쟁은 갈등의 원인이기보다 즐거움의 계기가 되고 협동의 계기가 되는 경쟁이다. 우리가 멀리 해야 할 경쟁은 즐거움의 조건이 아니라 불행의 원인이 되는 경쟁이다. 과정상의 경쟁이 아니라 그에 부수하는 결과를 두고 벌이는 경쟁이다. 과정상의 경쟁은 인간이라면 피할 수 없는 측면인지도 모른다. 예술작품의 감상조차도 일종의 작품과의 '씨름'이자 경쟁으로, 그런 경쟁이 있기에 걸작들이 우리에게 즐거움을 선사하는지도 모른다. 작품과의 하나됨도 씨름 끝에 오는 하나됨일 때 그 희열이 훨씬 크다. 단체경기가 작품 감상이나 과학적 난제 풀이와 다른 점은 우리가 문제(상대팀의 격파)를 해결하려는 사람이기도 하지만, 상대팀이 극복해야 할 문제(우리팀의 격파)가 되기도 한다는 점이다. 우리가 단순히 난관을 극복하지 못하는 것으로 그치지 않고, 극복될 수도 있다는 것이다. 그러나 내가 극복당할 수 있다는 사실조차 단체경기에만 특수한 현상은 아닐 것이다. 과학자들이 여러 번 시도했지만 과학적 문제를 해결하지 못하고 결국 좌절하는 경우는 사실 단체경기에서 상대팀에 의해 우리팀이 극복당하는 경우와 다르지 않다. 학교가 길러주어야 할 태도는 승리와 전리품을 두고 경쟁하는 자세이기보다 흥미를 바탕으로 힘을 합쳐 문제를 공략하는 자세라 할 수 있다. 그런 협동적 문제해결 과정에서 희열을 만끽하는 자세라 할 수 있다.

 이같이 협동은 학습활동의 예외가 아니라 일상이 되어야 한다. 도덕과나 사회과에서 한두 번 시도될 방법이 아니라, 모든 교과 모든 시간이 따라야 할 법칙이다. 간간이 나오는 별식이 아니라 일상적으로 접해야 할 주식이다. 학습이 곧 협동학습이다. 몸에

열이 나면 건강에 이상이 있다는 신호가 되듯, 학습이 협동적이지 못하면 학습 자체에 문제가 있다는 신호가 된다. 학습이 내재적 흥미추구가 되지 못하고 외재적 의무로 전락했다는 반증이 된다.

거듭 학교는 결코 미래를 위한 준비로 지식을 습득하는 곳이 아니다. 어른들과 마찬가지로 아이들이 자기를 사는 곳이다. 내재적 흥미추구 밖에는 아무 것도 없는 곳, 사고훈련 외에는 아무 것도 없는 곳, 협동적 문제해결 밖에는 아무 것도 없는 곳―학교는 정말로 이런 곳이라야 한다. 포괄적 문제해결학습은 이런 흥미, 사고, 협동을 근간으로 하는 자기 삶으로서의 학습이다.

## 삶을 위한 학습

나아가 **학습이 자기 삶이 될 때만 의미있는 지식도 습득된다**. 학습은 물론 그 자체 삶이어야 하지만 동시에 삶을 위한 준비도 되어야 한다. 그 자체 즐거워야 할 뿐 아니라 미래를 위해 유용하기도 해야 한다. 그렇지만 그 준비는 삶을 유예하고 하는 준비가 결코 아니다. 삶은 잠시도 떠날 수 없는 무엇으로, 삶을 위한 준비도 불가피하게 삶이다. 현재의 자기 흥미를 살 때만, 오직 그 때만, 비로소 미래도 준비된다. 그럴 때만 의미있는 지식도 습득되고, 창조적인 사고도 훈련되며, 특히 내재적 삶의 형식이 확립된다.

학습이 자기 삶이 되면, 우선 의미있는 지식습득이 가능하다는 점에서 삶을 위한 준비가 된다. 그러나 준비로서의 지식습득은 삶 이전에 삶과 유리된 채 이루어지는 것이 아니다. 지식은 마치

굳은 쇳덩이와 같아 흥미추구라는 용광로에 들어가야만 녹아 그 일부가 된다. 인력의 법칙은 하늘에서 난데없이 떨어진 무엇이 아니다. 중력과 관련된 문제상황과 씨름한 결과 나온 '해답'일 뿐 아니라, 비슷한 문제상황이나 그것을 필요로 하는 새로운 문제상황에 '자료'로 들어갈 때만 녹아 의미있는 지식이 된다. 지식이 의미를 지니는 경우는 이 두 가지 경우뿐으로, 상황을 떠나 독자적으로 의미를 지닐 수 있는 경우는 없다. 인지는 필연적으로 상황인지이다. 지식이 문제상황에 혹은 흥미추구에 '실용적'일 때, 의미 있을 때, 녹아서 스며들 때 진정한 지식이 된다. 흥미추구와 하나 된 지식이 준비로서의 지식이 된다.

학습이 내재적 흥미추구가 되면 사고훈련의 기회가 된다는 점에서도 미래에 대한 준비가 된다. 지식습득만으로는 아직 미래에 대한 준비가 충분하다고 보기 어렵다. 창조의 힘은 지식 자체가 아니라 그것을 조합하는 방식에서 온다. 미래 사회가 예측 불가능할수록 기존의 지식으로 대처하기는 역부족이고, 기존 자료의 면밀한 반성적 조합 없이는 창조적 대처가 불가능하다. 그렇지만 미래를 위한 준비가 될 사고의 태도를 직접 가르칠 수는 없다. 사고를 떠나서는 지식이 습득될 수 없듯이 문제상황을 떠나서는 사고도 훈련될 수 없다. 사고교육은 사고기법을 탈맥락적으로 훈련하는 교육이 아니라 문제해결 상황이 자기 삶, 자기 흥미가 되게 하는 교육이다. 사고교육은 사고를 학습하는 교육이 아니라 학습이 사고로 점철되는 교육이다.*

---

\* 2009개정 교육과정에 따른 교과서는, 과학과의 경우, 사고기법의 탈맥락적 훈련을 독립 단원으로, 교과서의 첫째 단원으로, 설정하고 있다.

자기 삶으로서의 학습이 미래에 대한 준비가 된다는 것은, 그러나, 단순히 의미있는 지식습득이나 사고훈련의 기회가 되기 때문만은 아니다. 보다 중요하게는, 내재적 학습태도가 미래의 이상적 삶의 형식을 연습하는 기회도 되기 때문이다. 내용 면에서뿐 아니라 형식 면에서도 미래에 대한 준비가 되기 때문이다. 학교에 다니는 12년 혹은 16년 동안 어떤 형식의 학습을 사느냐에 따라 미래의 삶의 형식이 결정되기 때문이다. 삶의 형식은 마음대로 켰다 껐다 할 수 있는 전열기와 같은 것이 아니다. 오히려 전파의 방출과 같이 무엇을 하든 불가피하게 수반되는 것으로, 이를 외면한다는 것은 곧 나쁜 형식이 들어앉도록 방치한다는 것과 같다. 아이들에게 확립해주어야 할 삶의 형식은 바로 외재적 삶이 아닌 내재적 삶이다. 미래를 위해 삶을 견디는 대신 현재 그것을 즐기는 태도이다. 삶을 즐기는 준비는 바로 즐기는 데 있다. 학습이 내재적 흥미추구가 되면 그 자체로 미래를 위한 태도의 준비가 된다.

　자기 삶으로서의 학습이 협동의 기반이 된다는 점에서도 미래에 대한 준비가 된다. 현대사회가 직면하는 문제가 갈수록 복잡해진다는 사실에 비추어 보면, 문제해결을 위해서라도 협동은 선택이 아니라 필수 사항이 된다. 문제가 어려울수록 자동차 수리공들이 머리를 맞대어 의논하고, 병원 의사들이 공동으로 진단하고 시술한다. 화성 탐사로봇 발사는 어느 한 사람이나 분야가 감당할 수 있는 일이 못된다. 현대사회에서는 교직에서처럼 격리된 공간에서 홀로 작업을 완수할 수 있는 직업이 흔치 않다.

　사회발전은 협동보다 오히려 경쟁에서 오는 것이 아닌가 하는 반문이 있을 수 있다. 축구기술의 발전이나 최신 스마트폰 개발은 예컨대 경쟁이 있기 때문에 가능한 결과라 볼 수도 있다. 그러나 흥미없이 경쟁만 시켜서는 그런 발전을 기대하기 어렵다. 심리적 강제가 과도하면 있던 흥미도 사라지는 법이다. 최첨단 기업들이 그 직원들에게 업무 수행에서 상당한 정도로 자율성을 장려하는 것도 내재적 흥미가 지니는 경쟁력을 실감한 결과라 할 수 있다. 상식과 달리 수월(秀越)의 계기는 경쟁심보다 강한 흥미에 있다. 진정한 경쟁력은 경쟁심이 아니라 내재적 몰입에서 오는 것으로, 이런 흥미의 내재성이 앞서 말한대로 협동의 바탕이 된다.

물론 의미있는 지식을 습득하고 내재적 삶의 형식을 확립하는 일보다 시험성적을 잘 받는 일이, 보다 확실한 미래에 대한 준비가 된다고 볼 수도 있다. 의미있는 지식습득 없이도 좋은 성적을 받을 수 있고, 따라서 대학을 나와 크게 기죽지 않고 직장에 다닐 수도 있다. 그러나 이런 삶이 정말로 살만한 삶인지는 의심스럽다. 아래에서 논의되듯, 삶의 과정이야 어찌되었든 그에 부수하는 명리만 얻으면 된다는 사고는 삶의 태도로서 문제가 있다. 나아가 내재적 학습과 그에 따른 지식습득 및 사고훈련이 시험에 불리할 것이라는 생각은 잘못된 생각이다. 의미와 생각을 소홀히 하는 시험대비 훈련은 그 성취에 한계가 있다. 난이도가 높은 문제일수록 의미있는 지식을 바탕으로 하는 창조적 사고를 요하기 때문이다. 더구나 인생시험은 시험지로 하는 대리평가가 아니라 실제 문제의 해결을 요구하는 실행평가이다. 의미있는 지식습득과 특히 사고훈련만이 실행평가를 위한 대비가 될 수 있다.

## 최고선의 삶

　자기 삶이, 내재적 흥미추구가, 이상적 삶의 형식이라는 지금까지의 논의의 전제에는 물론 근거가 있다. 우리가 활동에 종사하는 동기는 크게 둘 중 하나이다. 활동에 부수하는 외재적 가치 때문이거나 과정 자체가 지니는 내재적 가치 때문이다. 콩쿠르 우승을 위해 바이올린 연주를 게을리 하지 않을 수도 있지만 연주 자체가 좋아 그 연습 과정에 빠져들 수도 있다. 외재적 가치가 삶의 중심이 되면, 기대와 달리, 외재적 가치는 물론 내재적 가치도 맛보기 어렵지만, 내재적 가치가 그 중심이 되면 외재적 가치조차 더불어 획득된다. 삶의 종류를 불문하고 그 과정과 하나 되는 것이 이상적 삶의 공식이다.
　우선, 활동의 내재적 가치는 외재적 가치와 달리 개인적 행복의 원천이 된다. 하는 일에 빠지게 되면 시공적 한계가 사라지고 자아의식도 사라진다. 우주와 하나 되어 모든 비교가 소멸된다. 눈앞에 벌어지고 있는 개미군단의 전투에 꽂힌 어린 아이, 새벽이 되도록 연애소설을 덮지 못하는 고등학생, 풀릴듯 말듯 하는 수수께끼 앞에서 몇 시간째 서성이고 있는 과학자, 이들은 모두 무아의 행복에 빠진 사람들이다. 이들에게는 그 순간이 전부이다.
　인생의 행복은 생업이 단순히 노역이 아니라 놀이가 되는 데 있다. 진정한 복지는 노동시간을 줄이고 여가시간을 확대하는 것 못지않게 노동시간이 곧 여가시간이 되게 하는 데 있다. 금요일을 주말로 확대하는 것보다 금요일까지의 일이 자기 일이 되게 하는 게 더 중요하다. 노동이 자기 일이 되면 일주일의 일부가 아닌 전부가 휴일이 되기 때문이다.

 이런 삶은 외풍으로부터 자유로운 삶이다. 활동의 과정과 하나 되면 그 부수적 결과가 눈에 들어오지 않는 법이다. 일에 빠지면 사회적 평판이 문제되지 않는다. 사회적 비교가 설 땅을 잃으면 외부로부터 오는 비바람도 차단되어, 비교 결과에 따라 일희일비 할 일이 없어진다. '갖는' 즐거움과 달리 '하는' 즐거움은 타유(他由)가 아닌 자유(自由)하는 가치로, 누구도 앗아갈 수 없는 즐거움이다. 명리를 둘러싼 사회적 비교는, 반면, 늘 상실의 불안을 수반하고 종국에는 내재적 몰입의 기회까지 앗아간다.

 그렇지만 외재적 가치를 잊어버린 채 과정에 몰입할수록 외재적 가치 획득도 그만큼 유리하다. 에너지가 분산되는 대신 한 곳에 집중되면 그 결과도 빼어나기 때문이다. 바이올린 연주 자체에 몰입하는 사람이 콩쿠르에서 우승할 가능성도 그만큼 높아진다. 정상적인 사회라면 빼어난 결과가 합당한 명리도 수반한다. 그러나 일단 과정에 몰입하면 명리의 많고 적음이 관심의 대상이 되지 못한다.

 내재적 삶은 바라보는 이에게도 행복이다. 흥미를 사는 이들의 TV 대담은 시청자들에게도 즐거움이 된다. 개미군단의 싸움에 매료된 아이를 바라보는 것은 그 자체로 행복이다. 내재적 삶은 존재 자체로 보시요, 기부이다.

 다음으로, 과정중심의 삶은 부수적 결과중심의 삶과 달리 도덕의 바탕도 된다. 공자의 말대로 즐거워야(說樂) 도덕(不慍)도 가능하다. 혼자해도 즐겁고 함께하면 더 즐겁다면, 남이야 알아주든 말든 성낼 일이 없어진다. 거듭, 과정이 즐거울수록 부수하는 결과에서 멀어지고, 그를 둘러싼 사회적 비교도 의미를 상실한다. 명리상의 비교가 사라지면 경쟁도 사라지고, 경쟁이 사라지면 도덕적 문제도 대부분 사라진다. 비교의 둑이 무너져야 사랑의 정감도 넘쳐나고(N. Noddings), 객관적 판단도 드러나며(L. Kolhberg), 더불어 사는 사회도 성립한다. 그러나 사회적 비교의 둑은 흥미추구의 용광로에 들어가야 비로소 녹아 그 형체가 없어진다.

과정중심의 삶은 도덕의 바탕이 될 뿐 아니라 그 자체 도덕이다. 과정에 충실하는 것은 사회적 분업에 충실하는 것이고, 각자 맡은 일에 충실해야 한다는 것은 사회적으로 요청되는 제1의 덕목이다. 나아가 내재적 삶은 그 자체로 도덕의 궁극적 목적을 실현하는 것이다. 도덕적 사회는 도덕이 더 이상 필요없는 사회, 성원 모두가 자기 삶을 사는 사회이다.

마지막으로, 내재적 몰입은 외재적 명리추구와 달리 국가적 인재양성의 첩경이기도 하다. 결과의 빼어남은 물론, 특히 역경에도 불구하고 그 끝을 보려는 자세는, 강력한 흥미가 전제될 때 가능하다. 열의가 없으면 있는 지식도 소용없고, 열의만 있으면 없던 지식도 창출한다. 과학을 배운 사람보다 과학에 빠진 사람이, 우리가 진정 필요로 할 인재이다. 지금껏 수차례 발표된 국제학력비교에서 우리 학생들이 성취도에서는 최상을 달렸지만 흥미도에서는 바닥을 쳤다는 사실은 인재양성이란 측면에서도 우려되는 사안이다. 국가 경제발전을 위해서도 비교 시험으로 아이들에게 학습을 강요하는 대신 학습이 곧 놀이가 되게 할 필요가 있다. 잡다한 교과외 활동을 추가하는 대신 기존의 교과활동이 내재적 의미를 회복케 할 필요가 있다.

요컨대 포괄적 문제해결학습은 지식습득이 아닌 자기 삶으로서의 학습이다. 흥미를 통한 학습이 아닌 흥미로서의 학습이고, 사고 밖에는 할 일이 없는 학습이며, 협동이 별식이 아닌 주식인 학습이다. 포괄적 문제해결학습은 개인적 행복의 공식이자, 사회적 도덕의 바탕이요, 국가적 인재양성의 기틀이다.

# 2   과 정

이제 포괄적 문제해결학습, 즉 포문학습의 기본정신을 구현할 학습지도의 실제를 논의할 차례다. 과학과와 사회과의 한 단원씩을 예로 들어 포문학습의 단원구성과 그 전개 절차를 예시해 보도록 하자. 내용교과적 성격이 강한 과학과와 사회과의 지도가 본 궤도에 오르면 다른 교과로의 전이는 비교적 용이한 문제라 할 수 있다. 사회과에 앞서 과학과를 먼저 예시하는 것은 사회과에 비해 그 개념구조가 비교적 분명해서 학습지도의 체계성이 상대적으로 높을 것으로 보았기 때문이다.

## 과학과 포문학습

과학과의 포문학습은 2007개정 교육과정에서 6학년에 배정되어 있는 "계절의 변화" 단원으로 예시하도록 하겠다. 먼저 교과서의 단원 구조를 분석하여 그것이 전제하고 있는 철학을 밝혀본 후, 포문학습을 위한 단원의 재구성을 논의할 것이다. 다음으로 재구성된 단원의 전개를 위한 학습지도 절차를 살펴볼 것이다.

물론 국가수준 교육과정의 수시개정 방침에 따라 앞으로도 계속 새로운 교과서가 등장할 가능성이 높다. 그러나 지금까지의 추세로 보면 이들 사이에 기조상의 변화는 크게 없을 것으로 보여, 어느 교과서를 분석하든 구조적 문제를 밝히는 데는 어려움이 없다고 보았다. 필자들의 관심은 수시로 단행되는 내용첨삭 중심의 교과서 재편이 아니라 그에 크게 좌우되지 않을 원리적 단원을 구성하는 데 있다.

## 1. 단원의 재구성

### 차시중심 교과서

포문학습을 위한 단원 재구성에 앞서 교과서 단원구성을 분석, 비판해보기로 하자. 2007개정 교육과정 과학과 교사용지도서에 나와 있는 "계절의 변화" 단원의 구성은 다음 페이지의 표와 같고, 그 내용을 표 아래쪽에 도식화해 보았다.

이런 단원구성은 대단히 논리적이고 단계적이다. 기울어진 지축이 계절변화의 원인이라는 마지막 이해에 도달하도록 하기 위해, 그 앞 단계들을 논리적으로 세분하여 차례로 제시하고 있다. 그 순서는 '계절의 변화 현상(기온 차) 파악→ 현상의 원인(태양 고도의 차) 파악→ 원인의 원인(기울어진 지축) 파악'의 구도를 따르도록 하였다. 먼저 도입차시인 1차시에서 기온의 차이, 그림자 길이의 차이, 나뭇잎 모양의 차이 등 계절변화의 현상을 파악하게 한다. 둘째로, 그 현상들 중 특히 기온 차에 초점을 맞추어, 기온 차는 태양의 고도 차이와 관계있는 현상임을 알게 한다.

| 차시 | 내용 | 단계 |
|---|---|---|
| 1 | 계절에 따라 무엇이 달라질까요? | 도입 |
| 2~3 | 태양의 고도와 그림자의 길이, 기온은 어떤 관련이 있을까요? | 실험방1 |
| 4 | 계절에 따라 태양의 남중고도는 어떻게 달라질까요? | 실험방2 |
| 5 | 계절에 따라 기온이 달라지는 이유는 무엇일까요? | 실험방3 |
| 6 | 해가 뜨고 지는 시각과 기온은 계절과 어떤 관계가 있을까요? | 실험방4 |
| 7 | 계절변화의 원인은 무엇일까요? | 실험방5 |
| 8 | 계절의 변화에 대해 배운 내용을 정리해 봅시다. | 정리 |
| 9 | 계절의 변화를 알 수 있는 해시계를 만들어 볼까요? | 응용 |

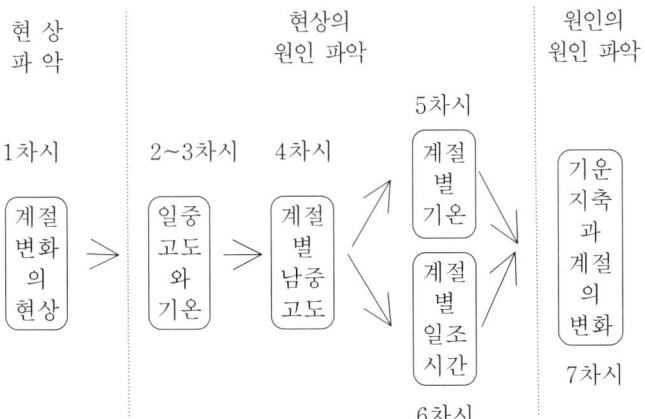

그러나 계절적 기온 차는 연중 현상이라 하루 이틀 안에 파악하기 불가능하므로, 하루 중 변하는 태양고도(그림자의 길이)와 기온의 관계를 실측하게 함으로써(2~3차시) 연중 현상에 대한 이해의 기초를 닦는다. 이를 발판으로 4차시에서 계절에 따라 태양고도가 달라진다는 것을 그림과 통계치를 통해 알게 하고, 5차시에서 계절별 태양고도에 따라 기온도 달라진다는 것을 파악하고 그 원인도 이해하게 한다. 6차시에서 계절의 변화는 기온에서뿐 아니라 일조시간에서도 나타난다는 것을 알게 한다. 마지막 7차시에서 이런 계절변화의 원인이 지구가 자전축이 기울어진 채 태양주위를 공전하기 때문임을 알게 한다.

그러나 다음 페이지 그림에서 보듯, 교과서의 논리적 차시 연계는 마지막 두 차시 사이를 제외하면 아이들의 심리적 발달에 위배되는 연계이다. 도입차시에서 아이들이 계절에 따라 기온이나 일조시간 등이 달라진다는 것을 알고 나면 자연스럽게 던질 다음 질문은 "왜 변화하는데?"라는 마지막 7차시 문제이지 바로 그 다음 차시인 2~3차시(일중 태양고도와 기온)의 질문이 아니다. 또 2~3차시에서 하루 중 태양고도가 높으면 기온도 높다는 관계를 알고 나면 아이들이 자연스럽게 던질 다음 질문은 4차시 연중 태양고도의 차이에 관한 질문이 아니라 5차시 "왜 고도가 높으면 기온이 높은데?"라는 질문이다. 이런 식으로 4차시와 5차시도 그 다음 5차시나 6차시가 아니라 마지막 7차시의 문제를 자연스런 질문으로 던지게 된다. 다시 말해 6차시와 7차시를 제외하고는, 각 차시들이 바로 이웃 차시들과 심리적으로 단절된 채 독립된 요소로 남게 된다는 문제가 대두된다. 단원이 사실은 단원(單元)

이 아니라 다원(多元)이라는 말이다. 차시 전체를 얽어매는 포괄적인 의문이 없어서, 단원이 하나의 유기적 조직체라기보다 요소들의 집적체에 불과하다. 아이들이 전체 단원을 통해 한 가지 문제에 집중하는 대신 일곱 개의 서로 다른 문제들을 공부하게 된다. 따라서 학습활동이 절정경험을 가져다 줄 내재적 흥미가 되기 어려울 뿐 아니라, 결과되는 이해도 하나의 전체를 이루기보다 분절될 가능성이 높다. 아이들의 심리적 연계를 따랐다면 차시구성은 교과서와 달리 '계절변화의 현상(도입)→ 기울어진 자전축(7차시)→ 고도/기온 관계의 성립 원인(5차시)→ 고도/일조시간 관계의 성립 원인(6차시)' 순으로 되어야 할 것이다.

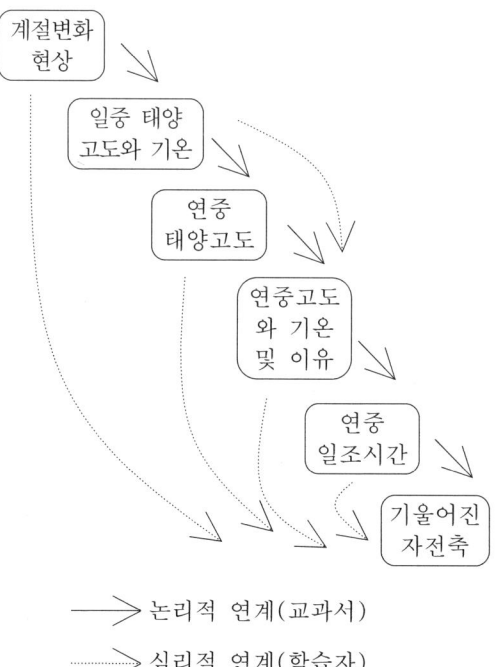

왜 교과서의 차시구성이 위 그림에서 보듯 아이들의 자연스런 심리적 발달을 단절시키는 구성을 택했을까? 그것은 지도서의 공언과는 반대로 교과서의 단원구성이 탐구보다는 지식전달에 그 목적이 있었기 때문일 것이다. 그런 요소적 다원(多元) 구성은 탐구를 가로막는 부작용은 크지만, 경계가 분명하고 시간이 절약되어 지식전달에는 오히려 유리한 구성이라 할 수 있다.

내용을 보더라도 교과서의 단원구성은 탐구를 위한 구성으로 보기 어렵다. 각 차시의 시작을 질문 형태로 하지만, 그 내용을 들여다보면 탐구보다 지식전달이 목적이라 할 수 있다. 도입차시는 계절변화 현상의 '확인,' 2~3차시는 일중 고도와 기온 사이의 관계 '확인,' 4차시는 사계절에 따른 고도 차 '확인,' 6차시는 연중 일조시간의 차이 '확인' 등 사실의 확인이 각 차시의 내용이지 그 원인을 문제삼는 경우는 없다. 5차시에서 태양고도의 차이가 기온차의 원인이 되는 문제를 다루는 대목에서도 탐구가 아니라 '확인'으로 끝난다. 근거있는 가설을 설정하고 그것을 검증하는 대신 두 현상 사이의 관계를 설명하는 것으로 그친다. 각 차시마다 소위 "실험방"이 있지만 '실험'이기보다 '조사'인 경우가 있을 뿐 아니라(4, 6차시) 실험인 경우에도 가설 '검증'을 위한 실험이기보다 사실 '시연'을 위한 실험이 대부분이다(2~3, 5, 7차시). (2009개정 교육과정에 따른 교과서는 탐구기능 익히기를 독립단원으로 신설하지만, 그 효력은 물론 필요성도 의문이다.). 가설검증과는 별도로, 조사하고 분류, 확인하는 행위를 탐구행위로 간주하는 것은 탐구라는 용어를 너무 희석시키는 행위이고, 초등학교 아이들의 지적 수준과 그 발달 가능성을 폄하하는 자세가 아닌가 싶다.

요컨대 도입차시 이후 거의 모든 차시들이 7차시 혹은 5차시를 그 다음 차시로 요구하는데도 교과서는 이런 자연스런 심리적, 유기적 발달을 외면하고 있다. 교과서가 이와 달리 논리적 단계를 고집하여 차시중심으로 다원(多元)을 구성하는 이유는 하나 밖에 없다고 할 수 있다.

**단원중심 포문학습**

포문학습을 위한 단원 재구성의 준거는 물론 앞에서 언급된 세 가지 요소, 즉 자기 삶(흥미), 사고, 협동이다. 포괄적 문제를 선정하고 그것을 중심으로 단원 전체를 유기적으로 조직함으로써, 아이들이 단원 내내 포괄적 문제와 씨름하고 그 와중에 필요한 지식도 습득하게 한다. 도입문제를 인상 깊었던 경험상황에서 도출하여, 포괄적 문제가 단순히 공부할 문제가 아닌 진지한 자기 문제로 다가가게 한다. 나아가 모둠별 활동을 중심으로 단원이 전개되게 함으로써 협동학습이 예외가 아닌 법칙이 되게 한다.

포문학습에서는 교과서와 달리 "계절의 변화" 단원이 다음 페이지의 표 및 도식과 같이 재구성될 것이다.

'교육과정'이라는 내용만 놓고 보면 포문학습도 교과서와 크게 다를 바 없다. 계절변화의 원인을 기울어진 지축에서 찾는다거나, 계절변화 현상의 대표적인 경우를 기온 차와 일조시간의 차에서 찾는다는 점에서는 둘 사이에 큰 차이가 없다. 그러나 그 구체화를 위한 구성방식은 거의 반대라 해도 좋을 정도로 차이가 크다. 포문학습의 단원구성과 전개 목적이 계절변화의 현상으로부터 시작되는 단계적 '지식습득'이 아니라 그 변화의 '원인 탐구'에 있기 때문

| 블록 | 탐구 문제 | 단계 | 교과서 차시 |
|---|---|---|---|
| 1 | 왜 여름은 덥고 겨울은 추운가? | 도입 | 1, 2~3 |
| | 지구가 자전축이 기울어진 채 태양주위를 공전하는 것이 왜 여름이 덥고 겨울이 추운 원인이 되는가? | 포괄적 문제 | 4, 7 |
| 2 | 태양고도의 차이가 왜 기온의 차이를 가져오는가? | 세부 문제 | 5 |
| 3 | 왜 여름은 낮이 길고 겨울은 짧은가? (태양고도의 차가 왜 일조시간의 차를 가져오는가?) | 연관 문제 | 6 |
| 4 | 적도지방에도 계절이 있을까? 백야, 극야가 어떻게 가능할까? | 평가 정리 | 8, 9 |

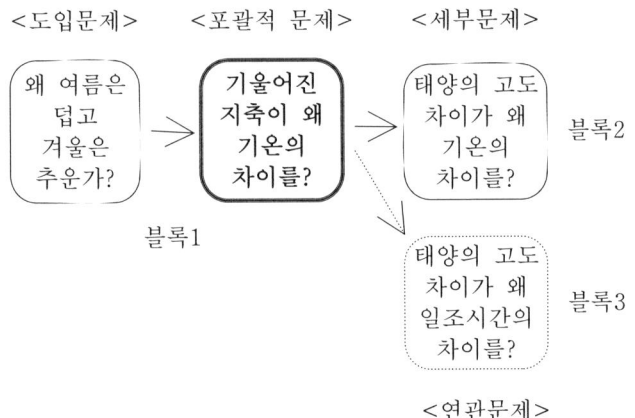

이다. 단원 전체를 통해 문제해결의 즐거움을 향유하고 그 가운데 반성적 사고의 태도를 확립하는 것이 포문학습의 근본 목적이기 때문이다. 그러므로 단원의 전체 차시들을 하나로 묶어줄 포괄적 문제를 중심으로 교과서의 단원이 재구성되고, 그 전개과정에서 아이들은 '단원'(單元)이란 이름에 걸맞게 '하나의' 문제와 씨름한다는 느낌을 받게 될 것이다.

물론 교과서 구성도 그 기본은 하나의 문제 상황이다. 그렇지만 그것은 주로 교사에게만 해당되는 것으로 아이들에게는 일곱 개의 상황으로 분절되어 다가가고, 또 문제해결 상황이기보다 지식습득의 상황으로 다가간다. 포문학습은 아이들에게도 단원 전체가 하나의 문제 상황으로 다가간다. 계절변화의 원인이 지축이 기울어진데 있으므로 "지구가 자전축이 기울어진 채 태양주위를 공전하는 것이 왜 여름이 덥고 겨울이 추운 원인이 되는가?"가 단원의 핵심문제, 즉 **포괄적 문제**가 된다. 기울어진 지축은 계절에 따라 태양고도의 차이를 가져오므로 그 다음 **세부문제**는 "태양고도의 차이가 왜 기온 차이를 가져오는가?"가 된다. 계절적 차이에는 기온의 차이 외에도 일조시간의 차이가 있으므로, 기온 차의 **연관문제**로 "왜 여름에는 낮이 길고 겨울에는 짧을까?"라는 문제가 제시된다(실제 아이들이 경험하는 난이도에 따라 "태양고도의 차이가 왜 일조시간의 차이도 가져올까?"로 제시할 수도 있다.). 세부문제와 연관문제는 결국 포괄적 문제의 직계나 방계의 심리적 '발달'에 해당되므로 단원 전체가 포괄적 문제의 해결시간이라 해도 좋을 것이다.

물론 "왜 여름은 덥고 겨울은 추운가?"하는 문제가 단원의 가장 포괄적인 문제이다. 그러나 지축이 기울어져 있다는 사실을 아이들이 발견하기란 쉽지 않으므로, 그 사시를 먼저 제시한 후 그것이 왜 여름을 덥게 하고 겨울을 춥게 하는 원인이 되는지를 포괄적 문제로 탐구하게 한다. "왜 여름은 덥고 겨울은 추운가?"하는 문제는 대신 도입문제가 되고, 따라서 도입에서부터 계절변화의 '원인'에 관한 탐구가 시작된다. 교과서의 도입차시의 의도, 즉 계절변화의 '현상'에 대한 이해는 이미 그 문제 속에 전제되어 있다. 수년간의 경험을 감안하면 계절별 기온 차나 일조시간의 차이가 아이들에게 결코 생소하지 않다는 판단에서이다. 교과서 2~3차시의 일중고도도 도입문제에 포함되어 있다. 기온 차의 원인은 지구의 태양과의 거리 문제도, 해가 떠있는 일조시간 문제도 아니라는 증거를 제시할 때, 하루 중 가장 기온이 높은 때는 해가 가장 오래 떠 있었던 해질녘이 아니라 해가 중천에 있었던 대낮이라는 점을 상기시키기 때문이다. 여기서 아이들이 계절변화의 원인으로 자전과 공전을 혼동할 가능성이 있으므로 그것을 염두에 둔 단원 계획을 세울 필요가 있을 것이다.

**첫째 블록** 포괄적 문제의 탐구에서, 시행착오적인 지구모형의 공전 시뮬레이션을 통해 아이들이 지축이 기울어진 결과 계절에 따라 태양고도가 달라지기 때문이라는 결론에 이르면, **둘째 블록** 즉 세부문제로 들어간다. "그런데 태양고도의 차이가 왜 기온의 차이를 가져오는가? 고도가 높으면 기온도 높고, 낮으면 기온도 낮은 이유는 무엇일까?" 역시 장시간의 모둠별 토론과 발표를 통해 결국 에너지의 분산과 집중 때문에 태양고도의 차이가 기온의 차이도 가져오게 된다는 발견에 이르도록 지도한다. 물론 그 검증

차원에서 실험도 실시한다. 여기서 아이들이 높이와 고도(각도)를 혼동할 가능성이 있으므로 이를 고려한 지도 계획을 세울 필요가 있을 것이다.

기온 차의 연관문제로 일조시간의 차이 문제를 **셋째 블록**으로 제시한다. "계절적 차이에는 기온 차뿐 아니라 밤낮의 길이 차이도 있다. 왜 여름에는 해가 오래 떠 있고 겨울에는 짧게 떠 있는가?" 이 역시 지축이 기울어진 결과 생겨나는 태양고도의 차이 때문이라는 결론에 다다르게 한다. 이제는 고도의 차이가 에너지의 집중과 분산의 원인이 되는 대신, 해가 일찍 떠서 늦게 지게하거나 늦게 떠서 일찍 지게 하는 원인이 된다는 것을 지구모형의 공전 시뮬레이션을 통해 발견하게 한다. 정리 단계에서, 기온의 차이든 일조시간의 차이든 모든 계절적 차이는 지구가 지축이 기울어진 채 태양주위를 공전하여 태양고도 상의 차이가 생기기 때문이라는 결론에 이르게 한다.

거듭, 전체 단원을 통해 아이들은 유기적으로 하나의 문제를 공부하게 되고, 그 한 문제가 줄곧 아이들의 마음을 사로잡게 된다. 그 동안 아이들은 지식을 '전달'받는 대신 문제와 '씨름'하게 되고, 그 필요에 의해 지식이 자료로 습득된다. 모둠별로 계절변화의 '원인'에 대한 가설을 수립하고 그 가설의 '타당성'을 학급 아이들에게 설득하는 것이—그 과정에서 다른 아이들로부터 제기되는 타당성에 대한 반론을 다시 논박하는 것이—아이들이 단원 전체를 통해서 하는 일의 거의 전부라 할 수 있다. 실험은 필요한 경우 그 말미에 가설 검증을 목적으로 들어간다.

요컨대 교과서의 단원구성이 논리적, 요소적, 차시중심 전달에 초점이 있다면, 포문학습의 단원구성은 심리적, 유기적, 단원중심 탐구에 있다. 현행 교과서의 단원이 주제의 '논리'에 따라 조직된 것이라면 포문학습의 단원은 탐구자의 '심리'에 따라 구성된다. 논리적 위계를 중시한 결과 교과서의 단원이 단계를 차례로 밟아 나가는 '차시중심' 구성이 되는 반면, 심리적 발달을 중시하는 포문학습의 단원은 그 차시들이 포괄적 문제의 다양한 발현이 되는 '단원중심' 구성이 된다. 그 결과 교과서 단원구성이 어느 것도 더 중요하거나 덜 중요할 것이 없는 '기계적' 구조를 따른다면 포문학습의 구성은 포괄적 문제라는 핵심문제를 중심으로 세부문제와 연관문제가 서로 연결되는 '유기적' 조직을 따른다.

교과서와 포문학습의 단원구성과 전개의 차이를 도식화하면 아래와 같다.

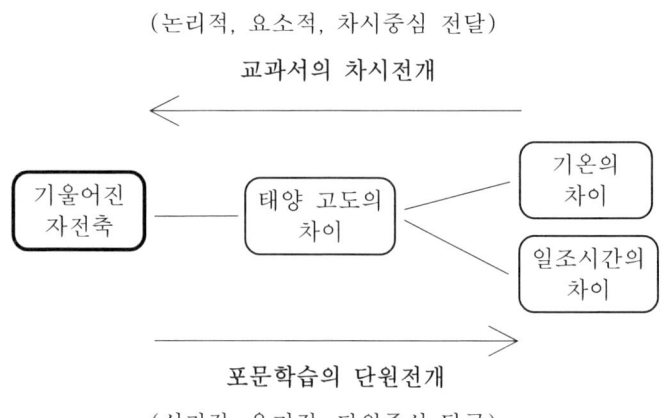

## 2. 학습지도의 실제

지금부터 "계절의 변화" 단원의 첫째 블록으로 포문학습 지도의 실제를 살펴보기로 하자. 여기에는 '왜 여름에는 기온이 높고 겨울에는 낮은가?'라는 도입문제와 '지구의 기울어진 자전축이 왜 계절적 기온변화의 원인이 되는가?'라는 포괄적 문제가 포함된다. 첫째 블록은 시간을 80분 이상 넉넉하게 잡을 필요가 있을 것이다. 도입단계에서 계절적 기온 차의 원인에 대해 아이들이 갖고있는 상식적 오개념을 불식시키려면 상당한 시간이 걸릴 뿐만 아니라, 공전과는 다른 자전의 문제를 짚어줄 시간도 마련해야 하기 때문이다. 지구모형의 공전 시뮬레이션 결과 우리나라의 태양고도가 여름에는 높고 겨울에는 낮다는 결론에 도달하는 것으로 블록을 매듭짓고, 그 원인에 관한 탐구는 다음 블록으로 넘긴다.

**(1) 문제의 자기화:** 교사-학급 상호작용 (10~20′)

계절변화의 현상 중에서 기온변화가 가장 대표적인 현상이므로 기온변화의 원인에 대한 탐구를 단원의 포괄적 문제로 삼는다. 일조시간의 변화는 따라서 기온변화의 연관문제로 제시된다. 먼저 단원의 도입으로 극한과 극서의 대조적인 영상을 보여준 후, "우리나라는 한 곳에 가만있는데 왜 여름이 되면 저렇게 덥고 또 겨울이 되면 저렇게 추울까?"라는 문제를 제시한다. 도입이 단원 전체의 분위기를 좌우할 수 있다는 중요성에 비추어, 특히 문제가 아이들에게 생생한 '자기 문제'로 다가가게 한다. 단순히 공부하는 시간이 아니라 자신을 사는 시간이 되도록 서두에서 그 계기를 만들어줄 수 있어야 한다. 우선 문제가 가급적 구체적으로 제시될 필요가 있다. "계절변화의 원인은 무엇인가?"와 같은 원론적인 형식이 아니라 "왜 여름은 덥고 겨울은 추운가?"와 같은 구체적인 형식으로 진술되어야 아이들의 호기심을 자극하기 쉽다. 둘째는 교사 자신 이 문제에 진정한 호기심을 보여야 한다. "너희들을 공부시키기 위해 이 문제를 제시한다."는 인상이 아니라 "나도 정말 궁금해, 왜 그럴까?"하는 인상을 줄 수 있어야 한다. "여름이나 겨울이나 다 같이 해가 뜨고 지는데 왜 그런 기온상의 차이가 날까? 우리나라가 여름에는 적도지방으로 옮겨지고 겨울에는 극지방으로 옮겨지는 것도 아닌데, 왜 여름은 덥고 겨울은 추울까?"

이런 질문에 대해 아이들은 처음에는 물론 상식적 수준에서 응답할 수밖에 없다. "여름에는 해가 지구 가까이 오고 겨울에는 멀어지기 때문에."가 단골로 등장하는 대답 중의 하나이다. 여기에 대해 교사는 "그래? 그런데 왜 해가 여름에는 가까워지고 겨울에는 멀어질까?"와 같은 문제를 제기하고 몇 차례 의견을 교환한 후, "사실은 과학자들에 의하면 (우리가 사는 북반구에서는) 여름에 태양이 지구에서 가장 멀고, 겨울에 가장 가깝다."고 하면서 지구의 공전궤도를 보여준다. 지구(북반구)의 태양과의 거리가 예상과 반대라는 사실이 아이들의 뇌리에 너무 깊이 각인되어 오히려 이후의 학습활동을 방해하는 면도 없지 않다. "거리가 문제라면 여름이 가장 춥고 겨울이 가장 더워야 하지 않을까? 왜 반대로 여름이 덥고 겨울이 추울까?"

아이들이 다음으로 제시할 수 있는 대답으로 "여름에는 해가 오래 떠 있고 겨울에는 짧게 떠 있기 때문에."와 같은 것이 있을 수 있다. 어른들도 빠지기 쉬운 상당히 그럴듯한 대답이지만 이

역시 오답이다. "그래, 여름에는 해가 일찍 떠서 늦게까지 지지 않지. 그런데 해뜰녘, 대낮, 해질녘 중 기온이 가장 높은 때는 언제지?" "대낮요." "그러면 해가 가장 오래 떠 있었던 때는 언제지?" "해질녘요." "그래, 그런데 해가 떠있는 시간이 문제라면 해가 가장 오래 떠 있었던 해질녘이 하루 중 가장 기온이 높겠네? 대낮이 아니라 해질녘에 가장 기온이 높나?" 이런 식으로 일조시간이 기온 차를 가져오는 원인이 아님을 깨닫게 한다.

"여름에는 해가 높이 뜨고 겨울에는 낮게 뜨기 때문에."라는 정답이 나올 수도 있다. 이 경우 교사는 "높이 뜨면 기온이 높고 낮게 뜨면 기온도 낮은 이유는?" "왜 여름에는 높게 뜨고 겨울에는 낮게 뜨는데?" 등과 같은 근본 원인에 관한 추가 질문을 통해, 이유를 모르면 많이 알아도 진정한 지식이 아니라는 인상을 아이들에게 심어줌과 동시에, 선수학습의 효과도 차단하도록 노력해야 한다. 또 하나의 정답으로 "지구가 자전축이 기울어진 채로 태양 주위를 공전하기 때문에."라는 답이 나올 수도 있다. 이것 역시 선수학습의 결과 나올 수 있는 답으로 "지축이 기울어진 것이 왜 여름을 덥게 하고 겨울을 춥게 하는데?" 등과 같은 추가 질문을 던짐으로써 일단 선수학습의 효과를 차단할 필요가 있다.

아이들이 이미 갖고 있는 상식에서 출발하여 그것이 왜 오답인지를 함께 점검하는 과정을 통해 계절변화의 문제는 자연스럽게 아이 자신의 문제로 정착하게 된다. 이런 식으로 단원 전체를 아우를 포괄적 문제를 위한 초석을 다지게 된다.

여기서 교사가 염두에 두어야 할 것은, 제기되는 문제에 대해 아이들이 제시할만한 가설들을 미리 예상해보고, 그에 대해 던질 수 있는 추가 질문을 준비해두어 한다는 것이다. 특히 선수학습으로 정답을 제시할 아이들에 대한 대책 마련이 필요한데, 이들을 방치하면 탐구의 진행에 찬물을 끼얹을 수 있다. 이런 아이들은 일반적으로 사실적 명제만 알뿐 그 근거를 모르는 경우가 대부분이므로, 위에서 제시된 것처럼, 그 근거를 제시하라는 추가 질문을 던짐으로써 다른 아이들과 마찬가지로 의문 상황에 처하게 할 수 있다.

문제의 자기화를 위한 도입단계에서는 교사와 전체학급 간의 상호작용이 활동의 주를 이룬다.

**(2) 모둠별 가설설정과 근거탐색:** 모둠별 상호작용 (30′)

도입문제를 통해 이런 탐색적 대화를 나눈 후 포괄적 문제로 넘어간다. "애들아 너희들 답 중에 정답이 있다." "지구가 자전축이 기울어진 채 일 년에 한 번 태양 주위를 공전하는 것이 여름과 겨울의 기온 차를 가져오는 원인이 된다." "그런데 **지축이 기울어진 것이 왜 계절적 기온변화의 원인이 될까?** 이것이 우리가 앞으로 해결해야 할 문제이다."라는 식으로 포괄적 문제를 제시한다. 잠시 개별 예상의 시간을 준 후 모둠별 논의를 통해 하나의 가설을 제시하게 한다.

참여도를 높이기 위해 모둠별 구성원은 4, 5명 정도로 하고, 가급적 6명을 넘지 않도록 한다. 모둠의 형태는 이질집단으로 한다. 모둠 내 의견의 다양성 확보와 민주적 태도의 훈련은 물론, 모둠 간의 대등한 관계를 위해서도 이런 구성이 유리하다. 일제식 지식전달 상황에서는 동질집단 구성과 수준별 편성이 더 효율적

일지 모르나 탐구 상황에서는 이질집단 구성이 훨씬 교육적이다.

　모둠별 논의가 시작될 때 지구모형(지구의)을 모둠별로 하나씩 나누어준다. 학습자료나 도구는 그 사용을 최소화하는 것이 좋다. 자료가 많이 제시되면 아이들이 생각하는 대신 자료에서 바로 답을 찾으려 할 가능성이 높기 때문이다. 최소한의 자료에 의지해 문제에 대한 답을 찾아갈 때 상상력이 한껏 발휘되고 비판적 사고와 창조적 사고도 고도로 발휘된다. 그 끝에 오는 지적 즐거움이야말로 유리카를 외치게 하는 즐거움이다. 같은 이유로 자료를 사전에 배부해서도 안된다. 문제에 집중하기보다 자료에 마음이 빼앗길 가능성이 높기 때문이다. 이같이 모둠별 논의가 시작될 때 적도와 우리나라의 위치를 표시한 큰 지구모형만 하나씩 모둠별로 나누어주어 그 시뮬레이션을 통해 문제의 답을 찾아가게 한다. 태양에 해당되는 전구를 나누어주는 대신, 주먹을 태양이라 보고 그 주위로 지구의를 돌리는 실험을 통해 고도 차이를 발견하게 한다.

　도입단계가 교사와 전체학생 사이의 논의의 시간이었다면 지금부터 30여분 동안은 아이들이 주축이 되어 모둠별로 가설을 탐색하는 시간이 된다. 그 동안 교사는 모둠을 순회하며 진척 정도를 살피고, 필요한 경우 단서가 될 질문도 던진다. 특히 "왜 그렇게 생각하나?" "주변에서 그런 예를 찾아볼 수 있나?"와 같은 반문을 던짐으로써 단순히 가설을 설정하는 일이 아니라 '근거있는' 가설을 설정하는 것이 중요함을 주지시킨다. 정답을 말하더라도 근거가 없으면 인정받지 못하고, 틀린 가설이라도 설득력이 있으면 오히려 격려받는다는 사실을 경험하게 한다. 교사가 아이들에게 지속적으로 보내는 신호는 '근거가 없어도 정답'이 아니라 '틀리더라도 설득력 있는 가설'이라는 신호이다. 이같이 반성적 사고가 학습의 전부임을 경험하게 한다.

모둠별로 모색되는 가설 중에는 지구의 자전과 공전을 혼동한 결과 나오는 것들도 있을 수 있다. "여름에는 지구가 태양을 마주보고 겨울에는 태양을 등지기 때문에."라는 가설이 한 예이다. 물론 교사는 "여름에는 밤이 없고 겨울에는 낮이 없나?"는 식의 반문을 던질 수 있다. 밤낮의 변화를 가져오는 자전과 계절의 변화를 가져오는 공전이 다른 현상임을, 잠시 계절의 변화 문제를 미뤄두고 다루어야 할지도 모른다.

다른 한 편 계절적 기온의 차이가 '지축이 기울어진 결과'라고 도입에서 언명했음에도 불구하고, 아이들은 대개 태양과 지구의 거리를 기반으로 가설을 모색하는 경향이 강하다. 도입단계에서 지구와 태양의 거리가 상식과 달리 여름에 멀고 겨울에 가깝다는 사실에 아이들이 포로가 된 결과가 아닌가 싶다. "여름에는 천천히 공전하고 겨울에는 빨리 공전함으로."와 같은 가설이 그 예이다. 여름에 지구와 태양의 거리가 멀기 때문에 천천히 돌고, 그래서 햇빛이 오래 비치고 기온이 높아진다는 추론에 이른다. 여기서 교사가 던질 수 있는 반문에는 "그럼 일 년 중 여름은 길고 겨울은 짧은가?" "지축이 기울어진 것과는 어떤 관계가 있나?" 등이 있을 것이다.

아이들이 자주 제시하는 또 하나의 가설로 "여름에는 햇빛이 넓게 비치고 겨울에는 좁게 비침으로."라는 가설이 있다. 그 예시로 "손전등이 대상에서 멀어지면 넓게 비추고 가까우면 좁게 비춘다."는 사실을 지적하기도 한다. 이것 역시 지구와 태양 사이의 거리에 포로가 된 가설로, 조명의 영역과 강도를 혼동하는 오답이다. 교사가 던질 수 있는 관련 질문에는 "난로에서 멀어질수록 더 따뜻하냐?" "지축이 기울어져 있다는 사실과는 어떤 관계가 있나?" 등이 있을 수 있다.

물론 아이들이 정답 가설을 제시할 수도 있다. 지축이 기울어졌다는 사실을 근거로, 주먹(태양) 주위로 지구의를 공전시켜 본 결과 우리나라의 태양고도가 계절에 따라 달라진다는 사실을 발견할 수 있다. "여름에는 해가 머리 위로 뜨고 겨울에는 비스듬히 뜨기 때문에."라는 의견을 내고, "물이 든 냄비의 바닥 한가운데를 가열할 때와 가장자리를 가열할 때 물의 가열 속도가 달라진다."와 같은 (정확하지 못한) 예시를 하거나, 드물게는 "공을 정통으로 맞을 때보다 비스듬히 맞을 때 충격이 적다."는 예시를 하기도 한다. 정답에 가까운 가설이 나오면 다음 단계인 모둠별 발표로 들어갈 때가 되었다는 것을 의미한다. 모둠별 순회 중 교사는 다음에 올 전체학급 발표 단계를 대비해 모둠별 논의 수준을 파악해둘 필요가 있다. 모둠별 수준은 토의결과에 따라 정해진다.

여기서 하나 분명히 해야 할 것은, 교사의 반문은 양날의 칼이라서 상당히 신중해야 한다는 것이다. 반문이 아이들의 탐구를 도울 수도 있지만, 단서가 너무 직접적인 나머지 그들의 탐구 의욕을 꺾을 수도 있고, 아이들 스스로가 던질 수 있는 반문 기회를 교사가 선점해버릴 수도 있기 때문이다. 어쩌면 다음 단계인 모둠별 발표에서 아이들 스스로가 반문을 제기할 수 있도록, 모둠별 토론 단계에서 교사는 아이들이 의견을 논리적으로 정비하도록 도와주는 수준에서 가급적 개입을 자제하는 것이 좋을지도 모른다. 요컨대 문제가 상당히 어려운 경우 교사의 반문이 보다 적극적일 필요가 있지만, 그렇지 않은 경우 반문은 자제될 필요도 있다. 문제의 수준뿐 아니라 아이들의 수준에 따라서도 이런 대응은 효과적이다.

    모둠별 토론 중 교사는 또한 구성원들 간의 상호작용의 성격을 잘 파악하고 대응해야 한다. 논의를 독점하려는 아이는 없는지 또 논의에서 소외되는 아이는 없는지 살펴야 한다. 소외되는 아이들에게는 의도적으로 독려성 질문을 던지고, 독점하려는 아이들에게는 보다 근원적 질문을 던져 문제를 원점에서 다시 접근하게 한다. 이같이 선수학습의 유무를 떠나 모두가 같은 출발선상에서 논의를 시작할 수 있게 한다. 사실 포문학습의 포괄적 문제는 현상의 근본적 '원인'에 관한 문제라 선수학습으로는 바로 답하기 어려운 문제이고, 따라서 상 수준과 하 수준 아이들 사이에 출발선상의 차이가 크게 없는 편이다. 평소에 우쭐하던 상 수준의 아이들도 이따금 설득력 있는 가설을 제시하는 중, 하 수준 아이들을 인정하기 시작하고, 소극적이던 중, 하 수준 아이들도 교사의 격려에 힘입어 오답에 대한 두려움에서 차츰 벗어나 보다 적극적으로 의견을 개진한다. 나아가 중, 하 수준 아이들이 개진한 초기의 직관적 의견들을 상 수준 아이들이 논리적으로 구체화함으로써 두 집단 사이에 유기적인 상생 관계가 성립되기도 한다. 이런 식으로 이제껏 성취도가 달랐던 아이들 사이에 일종의 지적, 도덕적 민주화가 일어난다. 사고를 강조한 결과, 하향 민주화가 아닌 상향 민주화가 일어난다.

시간이 지체되면 논의가 산만해지는 경우가 잦으므로 효과적인 학급전체 토론을 위해서는 모둠별 토론의 시간 조절 또한 필수적이다. 시간이 지나도 크게 진척이 없는 경우 교사가 보다 직접적인 단서를 제공할 수 있다. 우리나라의 태양 고도가 계절마다 달라진다는 아이디어를 얻을 수 있도록 주먹을 쥐고 그 주위로 지구모형을 공전시켜보도록 제안할 수도 있다.

다음 단계인 대학급 발표로 들어가기 전 모둠별 대표의견을 정리하게 하고, 구성원 모두가 발표에 기여할 준비를 하도록 한다. 대표가설 제시, 근거 제시 및 예시, 도식화, 예상되는 반론에 대한 반론 제시 등의 일련의 과정을 모둠원들이 공유하게 한다. 마지막까지 정답에 가까운 모둠이 나오지 않아도 크게 걱정할 필요는 없다. 중요한 것은 얼마나 진지하게 사고하였나 하는 것이지 정답을 찾아내었나의 여부가 아니기 때문이다. 진지한 사고의 과정이 있었다면 적어도 정리 단계에서 교사가 하는 설명에 "아!" 하는 탄성과 함께 동참할 수 있고, 그런 동참은 결코 교육적으로 작은 성취가 아니기 때문이다.

**(3) 모둠별 가설의 전체 검토:** 모둠-학급 상호작용 (30′)

모둠별 토론이 삼십 여분 지나면 혹은 한두 모둠이 정답에 가까워지면, 교사는 모둠별 발표를 통한 전체학급 토론으로 들어간다. 발표에 참여하는 모둠의 수는, 앞서의 모둠별 토론 단계에서 파악해둔 논의 수준에 따라 하, 중, 상의 세 모둠 정도로 하고, 시간은 삼십분 정도로 생각한다. 모둠별 발표 단계의 의의는 모둠별로 설정한 가설을 전체학급 토론을 통해 그 타당성을 한 번 더 검토하는 데 있다. 십 명 이하의 소인수 학급인 경우 모둠별 발표보다는 개인별 발표의 형식을 취하는 것이 더 좋을 것이다.

발표하는 모둠은, 모둠별 토론에서 요구되었던 것처럼 단순히 문제에 대한 가설을 제시하는 것으로 끝나는 대신 그 추정의 근거를 제시해야 하고, 나아가 생활주변에서 비견한 예를 가져올 수도 있어야 한다. 한두 아이가 발표나 응답을 독점하지 않도록 하여 구성원들 모두가 어떤 형태로든 모둠별 발표에 기여하도록 지도한다. 이때 발표에 응하는 청중들도 일방적으로 자신의 대안적 가설을 제시하기보다, 이미 제시된 가설의 '논리성'을 문제삼으로써 주어진 가설의 정교화를 위한 진정한 상호작용에 들어가게 한다. 이같이 발표 모둠과 학급 사이에 열띤 토론이 오가도록 교사는 뒤로 한 발짝 물러난다. 물론 토론의 방향을 바로 잡거나 문제를 좀 더 구체화하기 위해 추가 질문을 던지는 등 교사가 토론 과정에 참여할 수도 있지만, 아이들 사이의 자발적인 토론을 방해하지 않는 선에서 개입을 가급적 자제한다.

세 차례에 걸친 모둠-학급 토론과정을 통해 서로 상이한 가설이 수정되고 정리될 뿐 아니라, 그 과정을 통해 많은 배움이 일어난다. 토론에 참여하는 대신 지켜보는 아이들도 토론의 오가는 과정을 대리 경험하면서 그때까지 얻지 못했던 이해를 얻을 수 있는 기회를 다시 한 번 가지게 된다. 모둠-학급 토론과정에서 아이들의 지적 성장이 가장 크게 일어난다.

모둠별 발표에 대한 학급 아이들의 반론은 때로는 기발할 정도로 다양하다. 예컨대 거리에 따른 공전 '속도' 때문이라는 가설에 대해서는, 보통 "그렇다면 여름과 겨울의 길이가 달라져야 하겠네?" 혹은 "그렇다면 여름에서 겨울로 넘어갈 때, 혹은 겨울에서 여름으로 넘어갈 때 우리가 지구의 속도 변화를 몸으로 느끼겠네?"라는 등의 논리적 반론이 학급으로부터 제기될 수 있고, 이에 대해 발표 모둠이 "여름에서 겨울로 바로 넘어가는 것이 아니라 가을을 거쳐 넘어가기 때문에 속도의 변화가 천천히 일어난다"는 식으로 다시 대응할 수 있다. 거리에 따른 빛의 '확산 여부' 때문이라는 가설에 대해서도, "손전등이 멀면 비추는 면적은 넓지만 오히려 밝기는 희미해지는 것이 아닌가?"라는 논리적 반론이 제기될 수 있다. 물론 이런 반론은 앞서의 모둠별 순시 중 교사가 제기할 수 있는 반론과 겹칠 수 있고, 그래서 아이들끼리의 토론을 방해하지 않도록 교사의 개입을 가급적 자제해야 한다고 한 것이다. 물론 학급으로부터 그런 반론이 없다면 교사가 대신 제기할 수도 있다. "여름에는 태양이 머리 위에서 바로 비추고 겨울에는 비스듬히 비추기 때문"이라는 정답 가설에 대해서는, 교사가 "왜 여름과 겨울 사이에 그런 차이가 나는가?"와 같은 반문을 제기하여 기울어진 지축과의 관계를 한 번 더 주목하게 한다.

**(4) 가설의 검증 및 문제해결:** 교사-학급 상호작용 (10′)

모둠별 발표가 끝나면 가설의 검증에 들어간다. 단원의 성격에 따라 아이들이 직접 실험을 통해 가설을 검증할 수도 있고, 교사가 정답을 제시하여 검증할 수도 있다. 계절변화 단원의 경우 교사가 지구모형의 공전 시뮬레이션을 통해, 기울어진 지축 때문에 우리나라의 태양고도가 계절에 따라 달라진다는 것을 시연한다. 이같이 여름이 덥고 겨울이 추운 이유가 지구가 자전축이 기울어진 채 태양주위를 공전하여 계절마다 태양고도가 달라지기 때문이라는 것으로 학습지도를 마무리한다.

　고도와 거리를 아이들이 혼동할 가능성이 높지만, 다음 블록 세부문제를 다룰 때 점검하도록 남겨둔다(오히려 이 블록에서는 자전과 공전의 차이를 확실히 할 필요가 있다.). 고도의 차이가 기온의 차이를 가져오는 이유는 다음 세부문제로 다루어질 주제이므로, 문제제기가 있더라도 자세히 언급하지 않도록 한다. 또 선수학습의 효과를 피하기 위해 다음 블록의 문제를 사전 공지(소위 "차시 예고")하지 않는 것이 좋을 것이다.

　앞의 단원 재구성 표에서도 보듯 포문학습의 평가는 단원 말미에 하는 단원평가가 주된 평가이다. 그러나 시간이 허락한다면 이해의 정도를 확인하고 후속 학습의 기초를 다진다는 차원에서 블록 말미에서도 평가를 할 수 있을 것이다. 예를 들어 "지축이 기울지 않았다면 우리나라의 계절은 어떻게 될까? 그렇게 생각하는 근거는?"과 같은 평가 문제를 제시하고, 간단하게 아이들의 의견을 들어볼 수 있을 것이다. 그러나 포문학습의 평가문제는 성적의 우열을 가리는 시험문제이기보다 또 하나의 학습활동으로, 아이들의 전반적 이해 정도를 확인하는 차원에서 마무리한다. 단원 말미에 하는 단원평가는 보통 한 블록으로 운영되고, 정규 블록학습과 같은 절차를 밟는다.

　평가가 끝난 후에는 블록학습 전반에 관한 질문을 받고 가능하면 동료 학생들이 답하게 한다. 한 아이가 "여름과 겨울을 주로 다루었는데 봄, 가을의 고도는 어떻게 되나?"와 같은 질문을 할 수 있고, 이에 대해 다른 아이들이 "여름과 겨울의 중간 고도"라는 식의 답을 할 수 있을 것이다. 또 간혹 "지구가 태양주위를 공전하는데 우리는 왜 못 느끼나?"와 같은 질문이 나올 수도 있을 것이다. 아주 재미있는 토론 주제이지만, 당면 학습주제와 직접적 관련이 적을 뿐 아니라 블록 말미에 잠깐 다루기에는 시간을 많이 요하는 주제라서, 필요하다면 시간을 따로 잡아 다루는 편이 더 좋을 것이다.

지금까지 과학과 "계절의 변화" 단원을 중심으로 포괄적 문제해결학습의 블록학습을 예시해보았다. 학습활동이 단순히 지식습득을 넘어 '자기 삶'이 되도록 하는 것이 포문학습의 정수임을 1장에서 밝혔다. 따라서 지식전달을 목적으로 하는 현행 교과서의 단원을 탐구를 위한 단원으로 재구성하는 일이 무엇보다 중요하다. 실제 학습지도에서는 특히 도입단계에서 학습 문제가 아이들에게 '자기' 문제로 다가가도록, 교사가 문제를 구체적으로 제시해야 함은 물론 교사 자신 그 문제에 대해 진지한 호기심을 보여야 한다. 다음으로 모둠별 토론을 통해 가설이 일차적으로 창출되게 하고, 모둠-학급 발표와 토론을 통해 모둠별 가설이 한 번 더 검토되게 한다. 이같이 가설의 실제 검증(실험) 이전에 이루어지는 가설의 창출과 검토(사고)가 학습활동의 대부분을 차지한다. 가설을 뒷받침할 근거를 찾아 제시하고 그것을 학급의 반론으로부터 논박하는 과정을 통해—사실을 시연하기 위한 실험을 통해서가 아니라—아이들의 상상력, 창조성, 비판성이 크게 길러진다. 이런 사고중심의 토론학습은, "상호작용"이라는 소제목에서도 보듯, 처음부터 끝까지 일련의 협동학습 형태를 취한다.

## 사회과 포문학습

　사회과 포괄적 문제해결학습 지도는 2007개정 교육과정의 6학년 국토지리 단원인 "우리 국토의 모습과 생활"을 중심으로 예시하고자 한다. 앞서와 마찬가지로 교과서의 단원을 분석하여 그를 바탕으로 포문학습 단원을 재구성한 뒤 그 전개절차를 논의하는 순서를 밟을 것이다. 물론 학습지도 절차 면에서 보면 사회과도 과학과와 대동소이하므로 사회과 지도를 따로 논의할 필요가 없을지도 모른다. 그러나 사회과의 개념구조가 과학과의 경우와 현저히 다르므로 단원 '재구성' 측면에서는 사회과에 대한 논의를 추가할 필요가 있다고 보았다.

　2009개정 교육과정에서는 국토지리 단원이 6학년이 아닌 5학년에 배정되어 있다. 전체 차시 수가 줄어들면서 내용적으로는 지형과 기후의 제시 순서가 바뀌고, 산업 부분이 크게 축소되어 인구 아래로 배정된 것으로 보인다. 또 공식적 "탐구"의 기회는 지형 문제에서 인구분포 문제로 바뀐 것으로 보인다. 그러나 전반적으로는 내용 면에서나 구성철학 면에서 필자들이 지난 몇 년간 사용해온 현행 교과서와 큰 차이가 없는 것으로 보여, 새 교과서 대신 현행 교과서를 분석하더라도 국토지리 단원이 안고 있는 '근본적인' 문제점을 밝히는 데는 별 차이가 없다고 보았다. 앞에서도 말한 대로 필자들의 관심은 수시로 단행되는 내용첨삭 중심의 교과서 개편을 넘어서는 원리적 단원을 구성하는 데 있다.

## 1. 단원의 재구성

**차시중심 교과서**

　포문학습을 위한 단원 재구성을 시도하기 앞서 먼저 교과서의 단원구성을 분석해보기로 하자. 2007개정 교육과정의 교사용지도서에 따르면 교과서의 해당 단원의 구성은 다음 페이지의 표와 같다. 그 내용을 표 아래쪽에 도식화해 보았다.

　교과서 단원구성의 첫째 특징은 인간의 삶보다는 지리학 자체에 충실하고 따라서 객관적이고 논리적인 구성을 따른다는 점이다. 그 결과, 하늘에서 본 우리나라의 (1)지구상의 지리적 위치와 영역 문제를 먼저 점검하고 (2)위치(와 지형)에 따른 기후를 공부한 후 시야를 좁혀 (3)우리나라의 지형을 알아보고, 그 속에서 최근 일어나고 있는 (4)산업과 교통의 발달 및 (5)그와 관련된 인구 문제를 다루는 순서를 밟는다. 이것은 거시적인 것에서 미시적인 것으로 좁혀가는 논리적 전개 방식의 좋은 예라 할 수 있다. 그러나 이런 구성의 문제점은, 과학과의 경우에도 지적되었듯, 아이들에게 단원(單元)이 아닌 다원(多元)으로 다가가기 쉽다는 데 있다. 위치와 영역, 기후, 지형, 산업과 교통, 인구 등의 소주제를 하나로 묶어줄 구심점이 없어 각각 분절된 인식으로 남을 가능성이 높다. 물론 기온의 동서 차이나 강수량의 남북 차이 등에서 보듯 기후와 지형 사이에 어느 정도의 관계가 모색되고, 교통발달과 공단의 입지 사이에 모종의 관계가 모색되지만 그 관계가 단원 전체를 얽어맬 정도로 긴밀하지 못하다. 또 각 소주제의 말미에 그것이 "인간생활"에 미치는 영향도 다루고 있지만, 인간생활 자체가

| 소 단 원 | 차시 | 내 용 |
|---|---|---|
| 도 입 | 1 | 국토의 모습과 잠재력 살펴보기 |
| 1) 우리 국토의 위치와 영역 | 2 | 국토의 지리적 장점 이해하기 |
| | 3 | 국토의 영역 이해하기 |
| 2) 기후와 우리 생활 | 4 | 위치와 기후 알아보기 |
| | 5 | 기온의 특징 알아보기 |
| | 6 | 강수의 특징 알아보기 |
| | 7 | 자연 재해 알아보기 |
| 3) 지형과 우리 생활 | 8 | 지형과 생활모습 살펴보기 |
| | 9 | 동고서저의 지형 1 탐구하기 |
| | 10 | 동고서저의 지형 2 탐구하기 |
| 4) 우리나라의 산업과 교통 | 11 | 산업구조의 변화와 지역변화 알아보기 |
| | 12 | 공업발달과 공업지역 알아보기 |
| | 13 | 교통발달과 지역 영향 알아보기 |
| 5) 우리나라의 인구 | 14 | 인구구성의 변화 알아보기 |
| | 15 | 인구분포의 지역적 특징 이해하기 |
| | 16 | 인구변화와 사회모습변화 알아보기 |
| 정 리 | 17 | 다양한 방법의 국토모습 표현하기 |

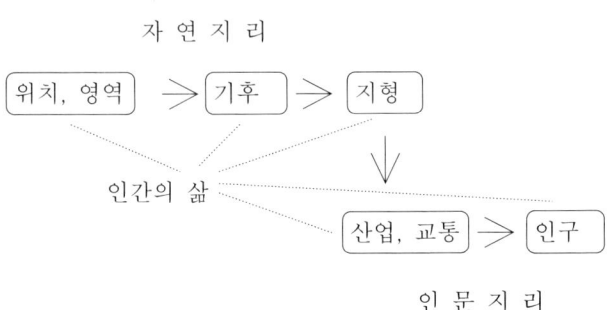

이들 주제에 따라 분절되는 경향이 있어 통합의 구심점 역할을 수행하기 어렵다. 기온이 따뜻한 남부지방은 추운 북부지방과 달리 겨울에도 농사가 가능하다거나, 강수량이 적은 서해에는 염전이 발달했다거나, 한랭한 고산지대는 고랭지 채소의 재배에 적합하고 스키산업의 발달에 유리하다는 등 지리현상이 인간적 삶에 미치는 원심적 영향은 언급하지만, 이들이 지리현상을 이해하는 구심적 역할을 한다는 것은 보지 못한다. 특히 "산업과 교통"과 같은 인문지리도 "지리"인 한, 지형이나 기후 등과 밀접히 관련되어야 함에도 자연지리와 인문지리 사이에 그런 관계를 찾아보기란 쉽지 않다. 산업의 변천이나 교통의 발달이 인간생활에 미치는 영향은 다루지만 그것의 지리적 배경에 대해서는 간접적으로 다루거나(공단의 입지조건) 거의 다루지 않고 있다(교통의 경우). 그 결과 아이들은 단원을 통해 한 가지 주제를 탐구한다는 인식을 갖기보다 낱낱의 주제를 장황하게 공부한다는 인식을 갖기 쉽다.

교과서 단원구성의 둘째 특징은 현상의 탐구보다 사실 전달에 초점이 맞춰져 있다는 점이다. 교사용지도서에서는 사회과의 대표적 수업모형 중에 "문제해결학습"과 "탐구학습"을 들고 있지만(과연 전자를 "일상생활" 문제를 해결하는 학습이라 규정하고 후자를 "학문"적 지식의 "일반화" 학습이라 규정할 수 있는지도 의문이다.) 해당 단원의 구성이 탐구가 아닌 전달을 의도하고 있다는 것은 위 표에서도 여실히 나타난다. "이해하기," "알아보기" 등이 주된 활동이고, 전체 17차시 중 "탐구하기"는 두 번 밖에 나오지 않는다. "기온의 특징 알아보기" 차시를 예로 들면, 교과서 지문 자체가 정보 전달에 초점이 맞추어져 있다. 교과서에 제시된 내용은 다음 두 가지이다. '(1)위도상의 차이 때문에 한반도의 남과 북의 기온 차이가 크다. 여름보다 겨울에 그 차이가 더 크다. (2)바다와 산맥 때문에 동쪽보다 서쪽이 여름에는 더 덥고 겨울에는 더 춥다. 동서의 기온 차보다는 남북의 기온 차가 더 크다.' 아이들은 등온선 지도를 보고 위 내용을 확인만 하면 되므로 탐구하고 사고해야 할 필요성을 느끼기 어렵다. "왜 위도상의 차이가 기온의 차이를 가져오는데?"라든가, 특히 "남북의 기온 차가 여름보다 겨울에 더 큰 이유가 무엇인가?"라는 것이 아이들이 자연스럽게 던질 수 있는 질문임에도 이런 문제는 다루지 않고 사실만 확인하고 넘어간다. 또 (2)번 내용은 지형을 알아야 이해할 수 있는 문제인데, 지형을 다루기도 전에 관련 문제를 제시하고 있다. 탐구가 목적이었다면 이런 순서로 제시할 수는 없었을 것이다. (2009개정 교과서에서는 순서가 바로 잡혔으나, 여전히 탐구와 큰 관련이 있어 보이지는 않는다.) 이런 지식전달을 염두에 둔 구성은 비단 기온 영역 뿐 아니라 단원의 모든 차시에 해당된다.

공식적 "탐구하기"의 경우에도 실제로 탐구를 하는 경우인지가 의심스럽다. 지형 영역에서 "왜 우리 국토의 평야는 서쪽에 많을까?"라는 문제를 중심으로 가설을 설정하고 검증하는데 2차시분을 배정하고 있다. (새 교과서에서는 지형 대신 인구분포 문제를 탐구문제로 제시하고 있으나, 그 역시 탐구학습인지가 의문이다.) 가설설정 단계에서 (1)평야는 강의 운반 퇴적 작용의 결과라는 사실, (2)우리의 강이 주로 동에서 서로 흐른다는 사실, (3)강은 높은 곳에서 낮은 곳으로 흐르므로 동쪽이 높다는 사실 등을 기초자료로 제시한 후, "이제 우리 국토의 평야가 서쪽에 많은 이유에 대해 가설을 세워보자."는 지문이 나온다. 그리고 그 아래 "우리나라는 동쪽이 서쪽보다 높아 대부분의 큰 하천이 주로 동쪽에서 서쪽으로 흐르기 때문에 하천이 운반해온 물질이 퇴적되어 만들어진 평야는 서쪽에 많을 것이다."는 정답 가설이 제시된다. 이것이 과연 따로 검증할만한 "가설"인지 그리고 그 검증을 위해 따로 자료를 수집해야할 성격의 가설인지 한 번 생각해볼 필요가 있다. 주어진 기초자료에 답이 다 들어있는데 왜 가설을 세워야 하는 지가 의심스럽고, 어느 대목에서 아이들이 탐구의 희열을 느낄 수 있을지 의심스럽다. "탐구하기" 활동조차 이런 수준이라면 다른 활동은 두말할 필요도 없을 것이다. 산업과 교통 영역의 공단의 입지조건도 각 공단의 주력 업종을 근거로 입지조건을 추정하게 하면 훌륭한 탐구학습이 될 수 있지만, 교과서에서는 기본 입지조건을 예시하고 지도서에서는 좀 더 상세한 내용을 사전에 조사하여 모둠별로 보고서를 발표하는 것으로 끝난다.

이같이 과학과의 계절의 변화 단원과 마찬가지로 사회과의 국토지리 단원도 '사회'과임에도 삶보다 학문 중심의 객관적, 논리적 구성을 따르고, 탐구보다 지식전달을 위한 구성을 따르고 있다. 지도라는 흥미로운 자료를 활용할 수 있는 학습임에도 단원활동이 아이들에게 내재적 흥미추구가 되기 어렵고, 따라서 협동적 사고의 즐거움을 경험하기도 어렵다.

**단원중심 포문학습**

지리를 객관적 탐구대상으로 보기에 앞서 인간적 삶의 조건으로 보는 포문학습의 재구성된 단원은 아래의 표와 같고, 그것을 도식화하면 다음 페이지와 같다.

| 블록 | 탐구 문제 | 내 용 | 교과서 차시 |
|---|---|---|---|
| 1 | 한반도에 사람이 살기 시작한 곳은? | 도입 | |
| | 모여 살기 시작한 곳과 이유는? | 인 구 | 11~13 |
| | 조선에서 "충"주가 "충"청도의 대표도시가 된 이유는? | 산업과 교통 | 8~10 |
| 2 | 왜 평야는 주로 큰 강 하류에 형성되는가? | 지 형 | |
| 3 | 1900년대 전반 대전이 충청도의 대표도시로 부상한 이유는? 왜 경부선이 충주 대신 대전을 지나는 노선을 택했을까? | 교통수단의 변화 (지 형) | 11~13 |
| 4 | 1970년대 이후 울산이 대도시로 성장한 주된 이유는? | 산업의 변화 | 11~13 |
| 5 | 우리나라의 대표적 공단과 그 입지조건은? 현대사회의 주된 교통수단은? | 공 단 (지 형) | 11~13 |
| 6 | 현대 사회의 인구분포의 특징은? | 인 구 | 14~16 |
| 7 | 우리나라 기후의 특징은? | 기 후 (지 형) | 4~7 |
| 8 | 어디까지가 우리나라인가? | 영 토 (지 형) | 1~3 |
| | • 산업/교통의 필요와 지리<br>• 순응 → 이용 → 극복 | 정리 | |

65 /과 정

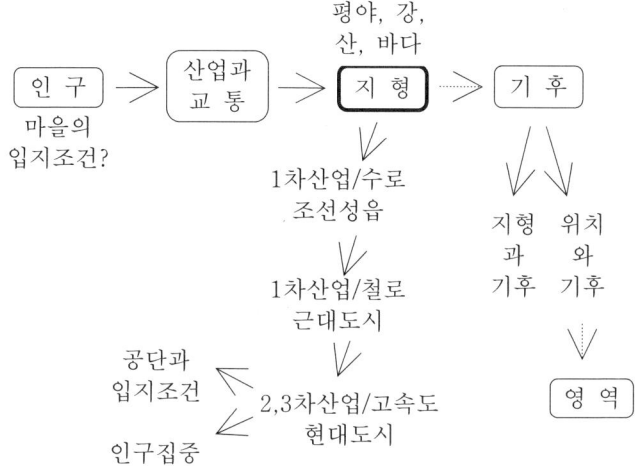

　포문학습은 지리현상을 지리학적 이해의 객관적 대상으로 보기에 앞서 사회적 삶이 전개되는 '삶의 무대'로 본다. 인간이 살아가자면 의식주 생활과 그에 필요한 교역을 할 수밖에 없고, 그런 삶의 무대가 되는 지리현상에 '눈 뜰' 수밖에 없다. 평야, 강, 산, 바다, 강수, 기온 등의 현상이 인식의 대상이 되는 것은, 일차적으로는, 그것이 삶과 불가분의 관련이 있기 때문이다.
　물론 교과서의 단원구성도 앞에서 본대로 지리현상을 인간적 삶과 관련시키려 애쓴다. 그러나 인간의 삶이 여러 지리현상들을 얽어매는 실이 되기보다 그 현상들 각각의 보푸라기에 해당된다. 포문학습은 지리학적 이해에서 출발하여 삶에 미치는 영향을 덧붙이는 순서를 밟는 대신, 삶의 필요에서 출발하여 지리적 현상을 인식하고 조직하는 순서를 밟는다. 지형이 객관적으로 존재하는 대상이 아니라 인간적 관점에서 구성되는 '구성물'이라는 것이다. 지리현상의 객관적 탐구를 거부한다는 것이 아니라, 먼저 인문지리 안에서 자연지리의 의미를 다루고 그 후 자연지리를 독자적 탐구대상으로 다루어야 한다는 것이다. 초등교육은 말 그대로 교육의 시작 단계라 "그 후"가 아닌 "먼저"에 해당되고, 따라서 인문적 관점에서 자연지리에 접근할 필요가 있다. 이런 인간적 맥락이 배제되거나 약화되면 지리현상이 하나의 체계로 다가오기보다 잡다한 개별 현상으로 다가오고, 단원을 관통하는 학습흥미도 유지하기 어렵다. 나아가 지리현상이 지니는 인간적 가치의 경중을 구별하기 어렵다. 평야지대는 곡물재배에 유리하고 고산지대는 고랭지 채소재배에 유리하다는 식의 접근을 해서는, 왜 고산지대가 아닌 평야지대를 중심으로 큰 성읍과 도시들이 형성되는지 이해하기 쉽지 않다.

나아가 포문학습은 삶과 지리현상의 관계를 조사하고 이해하게 하기보다 탐구하게 한다. 단원이 "알아보기," "이해하기"와 같은 도달해야 할 '과업'으로 조직되기보다 "왜 그럴까?"와 같은 탐구해야 할 '문제'로 구성된다. 이런 인간중심과 탐구중심의 구성 때문에 사회과의 포문학습 구성이 교육과정을 크게 벗어나는 구성이라고 우려하는 이들도 있을 수 있다. 위 표에서 보듯 학습제재만 두고 보면 포문학습 구성이 사실 교과서에서 많이 벗어나 있다. 그러나 그런 일탈적 제재의 선택은 오히려 국가 '교육과정'의 정신에 보다 충실하려는 노력의 결과라 할 수 있다.

이같이 포괄적 문제해결학습은, 비록 같은 주제를 다루지만 교과서식 학습과 달리 '위도상의 위치'에서 단원을 시작하는 대신

'삶에 적합한 지형'에서 시작한다. "한반도에서 사람들이 모여 살기 시작한 곳은 어디일까? 왜 그렇게 생각하는가?"가 단원 전체를 아우르는 **포괄적 문제**가 되고, 나머지 내용들은 모두 이 문제와 연관되어 다루어진다. 포괄적 문제에 대한 답은 "넓은 평야와 큰 강이 있는 곳, 산업(농업)과 운송의 편의성 때문에."이지만 농사의 편의성과 달리 교통의 편의성은 아이들이 찾아내기 쉽지 않으므로, 교통에 관해서는 **세부문제**를 추가로 제시한다. "조선시대 '충'주는 평야도 넓지 않은데 어떻게 '충'청도의 대표 성읍이 될 수 있었을까? 인근의 청주도 충주보다는 평야가 넓고, 서해안에도 더 넓은 평야가 있지 않은가?" 이 문제를 통해 남한강 수계와 낙동강 수계를 연결하는 조선의 내륙 교통의 요충지라서 충주가 중시되었다는 결론에 이르게 한다. 이같이 **첫째** 블록에서 마을이 들어서려면 두 가지 입지조건, 즉 산업과 교통의 편의성이 충족되어야 한다는 결론에 이르게 한다.

다음으로 **둘째** 블록에서, 산업과 교통의 무대가 되는 지형적 특징들을 평야를 시작으로 **연관문제**로 탐구하게 한다. "사람들이 모여 사는 평야는 주로 강을 끼고 형성되어 있다. 왜 평야가 큰 강의 하류에 주로 형성될까?" 이 문제를 기점으로 평야는 강의 침식 운반 작용에 의해 그 하구에 주로 형성된다는 것과, 우리나라의 강이 주로 동에서 서로 흐르는 것은 동쪽에 큰 산맥이 있기 때문이라는 결론에 이르게 한다. 그리고 우리나라의 큰 산과 산맥, 큰 강과 평야 등이 어디에 있는지를 확인함으로써 우리나라 지형에 대한 기본적 이해에 도달하게 한다. 서해가 동해보다 개펄이 발달한 것도 그것이 곧 평야의 연장이기 때문이라는 점도 추론하게 한다.

　지형에 대한 탐구가 끝나면 다시 산업과 교통에 관한 **세부문제**로 넘어가, 교통수단이나 산업이 '변하면' 마을의 구성 또한 달라진다는 것을 탐구하게 한다. 따라서 **셋째** 블록에서는 교통수단의 변화가 마을의 형성에 가져오는 변화를 탐구하게 한다. "1900년대 초엽 충청도의 중심이 충주에서 청주로 바뀌었다가, 나중에 다시 대전으로 바뀌게 되는데 그 이유는 무엇일까? 이전까지는 미미했던 대전이 어떻게 1910년대부터 충청도의 대표도시로 부상하기 시작하였을까?" 경부선 철로가 충주를 지나는 대신 대전을 우회하는 지리적 이유도 함께 탐구하게 하여, 지형적 건설 편이성, 운송물자 조달 용이성, 호남과의 연결 용이성 등에 주목하게 한다.

　교통수단의 변화에 더하여 산업의 변화도 마을의 구성에 큰 변화를 가져온다는 것을 탐구하는 블록이 **넷째** 블록이다. "1960년대만 해도 지도에 표시조차 되지 않던 울산이 2000년대에는 광역시가 될 정도로 급성장한 이유는 무엇인가? 1970년대 이후 울산, 구미, 포항 등이 급성장한 이유는 어디에 있는가?" (새 교과서에서 산업부분이 교통과 달리 크게 축소된 것으로 보이는 점은 생각해볼 문제라 할 수 있다. 물론 단원 3에서 경제발전 부분이 다루어지지만 지리적 관점이 아닌 경제적 관점에서 접근된다.) **다섯째 블록**에서는 우리나라 대표적 공업지역을 알아보고, 그 입지조건을 탐구하게 함으로써 그 지형적 함의도 함께 알아보게 한다. 1차 산업시대와 달리 2, 3차 산업시대에서는 주요 교통수단이 고속국도로 바뀌게 되는 이유도 탐구하게 한다. (여기서 고속국도와 고속철의 발달에 따른 3차 인구이동―수도권 중심의 인구집중 현상―을 다룰 수도 있을 것이다.) **여섯째 블록**에서는 공업화, 도시화에 따른 인구 집중 문제와 국토 균형개발 문제를 다룬다. 이와 관련 교과서에서는 "저출산 고령화" 문제의 대책을 다루고 있는데, 과연 초등학생들에게 적합한 주제인지 생각해볼 필요가 있을 것이다.

이같이 산업과 교통 때문에 그것이 편리한 지역(지형적 문제)에 사람들이 모여 살게 된다는 것을 탐구하고 확인한다. 다음 지형의 **연관문제**로, **일곱째 블록**에서 지형과 밀접한 관계가 있는 기후문제를 다룬다. "왜 같은 위도인데 동해안과 서해안은 기온의 차이가 있을까?" "왜 우리나라 동남지역이 서북지역에 비해 강수량이 많을까? 왜 대구지역이 인근 다른 지역에 비해 강수량이 적을까?" 마지막으로, 기후는 지형적 문제일 뿐 아니라 위도상의 문제도 되므로 우리나라의 위도상의 위치와 "우리나라는 어디서 어디까지인가"라는 영역 문제를 **연관문제**로 **여덟째 블록**에서 다룬다. 독도 문제를 여기서 다룰 수 있을 것이다. 이같이 '마을의 입지로서의 지형'이 단원 전체를 관통하는 탐구주제, 즉 포괄적 문제가 된다.

요컨대 포문학습은 교과서가 의도하는 학습과 달리 지리학이라는 객관적, 논리적 관점이 아니라 삶의 필요라는 주관적, 심리적 관점에서 지리현상에 주목하게 한다. 따라서 기후, 지형, 산업과 교통 등을 독립적 주제로 다루는 대신 '마을의 입지조건으로서의 지형'을 중심으로 하나로 묶어 유기적으로 다루게 된다. 나아가 지리현상을 이해하게 하는 것으로 끝나기보다 그 원인과 함의를 탐구하게 하는 것이 포문학습의 또 하나의 특징이다.

두 관점의 차이를 도식으로 나타내면 아래와 같다.

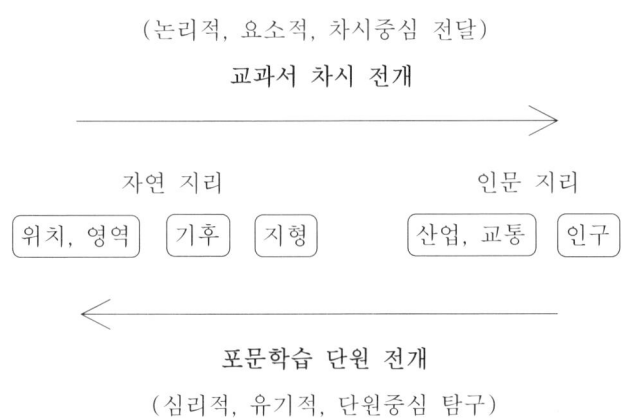

## 2. 학습지도의 실제

포괄적 문제해결학습을 위한 재구성된 단원의 전개는 첫째 블록을 중심으로 예시해보도록 하겠다. 계절의 변화 단원과 마찬가지로 국토지리 단원도 포괄적 문제를 포함하고 있는 첫째 블록이 포문학습의 특징을 가장 잘 드러낼 수 있다고 보았기 때문이다.

마을이 들어서려면 (1)산업이 용이하고 (2)교통이 편리해야 된다는 점을 조선성읍을 예로 탐구하는 것이 첫째 블록의 기본내용이다. 조선성읍에서 탐구를 시작하는 이유는 복잡한 현대 사회보다 과거 사회에서 마을의 형성과 지형의 관계가 더 분명하고, 또 조선시대가 이전 시대에 비해 사료가 상대적으로 많기 때문이다.

조선시대에는 주산업인 농업이 마을을 구성하는 주요 조건이 되고, 따라서 넓은 평야지대에 사람들이 모여 살았을 것으로 추정하는 데는 아이들이 큰 어려움을 겪지 않을 것이다. 그러나 '수로' 교통의 편의성이 마을을 구성하는 한 조건이 되었을 것으로 추정하는 것은 아이들에게 쉽지 않은 문제일 것이다. 따라서 조선성읍과 수로 교통의 관계라는 세부 문제를 탐구하는 데 첫째 블록의 대부분의 시간을 할애한다.

도입단계, 모둠별 가설탐색 단계, 모둠-학급 가설검토 단계 등에서 교사가 할 역할은 이미 과학과의 예에서 다루었으므로 여기서는 간략한 언급으로 대신하고자 한다.

**(1) 문제의 자기화:** 교사-학급 상호작용 (10′)

한 아마존 원주민 탐사팀이, 그 전해에 만났던 아마존 강 상류 원주민 가족을 찾아 그 이듬 해 다시 밀림 속으로 갔으나, 이미 다른 곳으로 이동하고 없어서 그들을 찾아 헤매는 동영상을 보여준다. "동물의 왕국" 등의 프로그램에서 보듯, 인류도 초기에는 다른 동물들과 마찬가지로 먹이를 따라 정처없이 이동하였음을 유추하게 한다. 그런데 일정 시기가 되면 사람들은 오늘날처럼 다른 동물들과 달리 한 곳에 모여살기 시작했고, 우리 한반도에도 같은 현상이 일어났을 것으로 추정하게 한다. 그런데 한반도에서는 사람들이 어디에 '모여 살기' 시작했을까? 이같이 도입 단계에서 원주민 동영상은 물론 산과 평야, 강과 바다 등이 선명하게 채색된 한반도 지형도를 통해 마을의 입지조건 문제가 아이들에게 분명하게 자기 문제로 다가가게 한다.

**(2) 모둠별 가설설정과 근거탐색:** 모둠별 상호작용 (30~40′)

산, 평야, 강, 바다가 표시된 한반도 지형도를 보여준 후 "자, 한반도 지형도를 보고, 사람들이 한곳에 모여살기 시작했을 때 **어디에서 모여살기 시작했을 지를 예상해서 표시해보자.** 10~15곳 정도를 표시하고 **그렇게 생각하는 이유를 적어보자.**"라는 포괄적 문제를 제시한다. 잠시 개별 예상시간을 갖게 한 후 모둠별 논의로 들어간다.

과학과와 마찬가지로 자료 제시는 신중해야 한다. 지도 등의 제시될 자료는 가설의 단서만 될 수 있는 단순화된 정보를 담고 있어야지 정답이 될 정도로 구체적인 정보를 담고 있어서는 곤란하다. 제시의 시기도 사고의 진작에 도움이 될 때에 맞춰져야지 그 전에 제시하면 오히려 사고의 기회를 앗아갈 수도 있다. 그러나 다른 정보를 담고 있지 않는 순수 지형도는 일찍 제시하여 갖고 놀게 하는 것이 오히려 도움이 되는 경우도 있다. 지형도는 모둠별로 한 장씩 그리고 백지도는 개인별 한 장씩 나누어준다.

모둠별 논의 중 교사는 순회하며 진척 정도를 점검한다. 농사의 편의성 때문에 큰 평야를 중심으로 성읍이 형성될 것으로 추정하는 것은 크게 어려운 문제가 아니므로, 잠시 후 모둠별로 혹은 모둠의 대표자가 지형도 위에 예상되는 성읍을 표시하고 그 이유를 설명하게 한다. 실제 조선성읍 지도와 대조해본 후 "사람들이 모여 살 곳은 우선 농사가 편리한 넓은 평야지대"라는 결론에 이르게 한다. 여기까지 10분 내지 15분 정도의 시간을 배정할 수 있을 것이다.

다음으로 이번 블록의 주 탐구문제인 수로 교통에 관한 문제를 세부문제로 제시한다. "자, 조선의 성읍지도를 잘 보자. 앞에서 보았듯 보통은 넓은 평야지대에 큰 성읍들이 들어서지? 그런데 충청도의 충주를 잘 보자. 충주가 조선시대 충청도의 제일의 성읍이었는데도('충청도란 말이 충주와 청주의 두음자를 따서 만들어진 것이다.') 실제로는 산 속에 있어서 평야가 그리 넓지 않지? 청주보다도 평야가 좁지? 특히 충청도 서해안의 넓은 평야에 비해서는 보잘 것 없지? **충주는 평야도 크게 넓지 않은데 어떻게 한 때 충청도 제일의 성읍이 될 수 있었을까?**"

몇몇 아이들의 의견을 들어본 후 모둠별 활동으로 들어간다. 조선시대의 경제와 교통수단이 지금과 많이 다르므로 아이들에게는 이 문제가 쉬운 문제가 아닐 것이다. 또 교과서에 나오는 문제가 아니라서 선행학습이 되었을 가능성도 높지 않을 것이다. 산지지형 탓에 범죄인의 유배지로 활용되었기 때문이라는 엉뚱한 가설(오스트레일리아를 생각나게 하는 대목이다.)에서부터 왜구의 침입을 피해 해안지역에서 내륙으로 이동했기 때문이라거나, 평야지대의 곡물이 소진됨에 따라 새로운 식량자원을 찾아서, 혹은 약초나 지하자원을 찾아서 산 속으로 들어갔기 때문이라는 등 비교적 수로 교통과는 거리가 먼 가설들을 내어놓을 것이다. 따라서 교사는 모둠별 순회 중 아이들의 진척 정도를 파악하여 적절한 보충 질문을 던져야 함은 물론("왜구를 피하더라도 왜 하필 충주로?" "충주에 어떤 지하자원이 있길래?" "약초나 지하자원이 큰 성읍을 구성할 정도로 중요한가?" 등) 힌트를 단계적으로 제시할 준비도 해둘 필요가 있을 것이다. 조선시대에도 수도는 한양(서울)이었다는 것, 특히 영남지역에서 한양으로 가려면 어디를 거쳐

가는 것이 제일 편리할지를 지형도를 보고 추정해보라는 것, 지금은 관광지로 유명한 문경새재가 그 때 왜 중요했는지 생각해보라는 것, 경상도의 상주("경상도의 '상' 자가 상주에서 온 것이다.")가 중시된 이유도 함께 생각해보라는 것 등의 힌트를 진척 정도를 감안하여 시차를 두고 제시할 수 있을 것이다. 이것으로도 진척이 기대 이하라면 조선시대에는 화폐가 발달하지 않아 세금을 주로 현물, 즉 세곡으로 납부해야 했는데, 경상도에서 거둔 무거운 세곡을 한양으로 실어 나르는 방법은 무엇이었을 지를 생각해보라는 등의 보다 직접적인 힌트도 줄 수 있을 것이다. 단서가 직접적일수록 사고의 기쁨을 앗아가는 경향이 있으므로 남은 시간을 고려하여 제공여부를 결정해야 할 것이다. 경상도 세곡 운송의 경우 관련된 문헌자료를 내어주고 그로부터 충주의 중요성을 유추하게 할 수도 있으나, 그런 자료들이 일반적으로 너무 직접적일 가능성이 높으므로, 편집해서 제시하거나 교사의 설명으로 대치할 수도 있을 것이다.

 여기서 유념해야 할 점은, 포문학습에서 중시되는 것은 자료를 조사하고 수집하는 방법이 아니라 반성적 사고라는 점이다. 자료의 조사 및 수집이 중요하지만 그것은 어디까지나 구체적인 문제 상황에 비추어 행해질 때이다. 사실 해당 문제에 대한 반성이 선행되지 않으면 필요한 자료가 무엇인지도 알 수 없고, 반성이 선행되면 필요한 자료는 필요할 때 습득되기 마련이다. 또 사고를 자극할 수만 있다면 교사가 자료 혹은 힌트를 직접 제시하더라도, 또 문헌이 아닌 구두 형태로 제시하더라도 문제될 게 없다. 적어도 자료수집 혹은 조사 방법을 독자적으로 훈련할 필요는 없을 것이다.

**(3) 모둠별 가설의 전체 검토:** 모둠-학급 상호작용 (30′)

　삼십여 분간의 모둠별 토론이 끝나면 모둠별 발표로 넘어간다. 모둠별 논의 결과를 바탕으로 하, 중, 상 수준의 순서로 세 모둠 정도를 선정하여 학급 전체를 대상으로 발표하게 하고, 발표 모둠과 학급 사이에 활발한 의견교환이 일어나게 한다. 발표 모둠의 경우 모든 구성원들이 발표와 응답에 참여하게 하고, 교사는 모둠－학급의 상호작용을 지켜보며 주제에서 많이 벗어나는 경우 등 필요한 경우에만 개입한다. 과학과의 경우에서 이미 언급되었듯, 모둠-학급 상호작용에서 아이들의 성장이 가장 크게 일어난다.

　약초나 지하자원을 찾아 산지로 들어갔기 때문이라는 가설에 대해서는 청중들로부터 "그런 것들이 충주를 지역 제일의 성읍으로 만들 정도로 중요한 물품인가?" 하는 문제제기가 있을 수 있고, 왜구를 피해 내륙으로 들어갔기 때문이라는 가설에 대해서는 "그러면 강원도 지역에는 더 큰 성읍들이 많겠네?" 혹은 "한양이나 나주에는 어떻게 큰 성읍이 형성될 수 있었나?"와 같은 반론이 있을 수도 있다. 드물게는 세곡에 관한 힌트를 바탕으로 "수로교통의 요충지라서."라는 정답 가설이 나오기도 한다. 이런 식으로 학급전체 발표를 통해 활발한 토론장면이 조성된다.

　아이들은 내용 여하를 떠나 발표 자체에 상당한 의미를 부여한다. 자신의 의견을 적극적으로 개진하고 다른 아이들의 의견을 문제삼는 '능동적인' 씨름이 곧 자신을 실현하는 시간으로 경험하기 때문인 것으로 보인다. 이런 능동성이 단순히 공부한다는 생각을 넘어 어른들과 같은 '일을 한다'는, '자기 일'을 한다는 생각이 들게 하는 것이 아닌가 싶다. 여기서 과학과에 비해 사회과 포문학습에서 아이들의 참여가 더 활발한 것은 인문현상은 자연현상에 비해 한계가 덜 분명하고 따라서 가설설정에서 융통성이 더 크게 허용되기 때문인지도 모른다. 과학과와 사회과 모두 논리성과 상상력 중 어느 것도 소홀히 할 수 없지만, 전자가 상대적으로 논리성을 더 요구하는 교과라면 후자는 상상력을 더 필요로 하는 교과가 아닌가 싶다.

**(4) 가설의 검증 및 문제해결:** 교사-학급 상호작용 (10′)

삼십여 분간의 모둠별 발표와 질의응답이 끝나면 정리로 들어간다. 농사를 위한 넓은 평야라는 조건이 크게 유리하지 않은데도 충주가 조선시대 충청도의 제일의 성읍이 될 수 있었던 것은, 남한강 수계와 낙동강 수계를 연결하는 수로 교통 요충지로서 중요한 내륙 '항구'이었기 때문이라는 것을 정리한다. 나아가 산업(농업)은 물론 (수로)교통이 편리한 곳에도 큰 마을이 들어선다는 것을 종합 정리한다.

이미 힌트로 다루지 않았다면 조선시대 문경새재가 지리적으로 중요했던 이유를 탐구하는 것으로 평가문제를 낼 수도 있을 것이다. 아니면 대구의 (혹은 아이들과 밀접한 다른 지역의) 어느 곳이 "강창"(강가의 창고)이라는 이름으로 불리었을 지역인지 추정해보라는 평가문제를 낼 수도 있을 것이다. 수로를 통해 세곡을 모으기에 용이한 강과 강이 만나는 지역을 찾아내는 것은 크게 어려운 문제가 아닐 것이다. 또 수로 교통의 편의성 때문에 형성된 다른 성읍을 찾아보게 하거나 성읍이 평야 한가운데보다 주변에 산을 끼고 형성되는 이유를 묻는 것도 평가문제가 될 수 있을 것이다. 중요한 것은 평가시간이 개인별 성취 서열을 매기는 시간이 아니라, 함께 논의하고 합의하는 학습시간의 연장으로 경험되게 하는 것이다.

과학과와 마찬가지로 사회과에서도 교사용지도서의 관행과는 달리 다음 블록 학습은 "차시 예고"하지 않는 것이 좋을 것이다. 선행학습이 탐구를 돕기보다 방해하는 경우가 허다하고 이같이 발견의 기쁨을 앗아갈 수 있기 때문이다.

과학과의 계절변화 단원이든 사회과의 국토지리 단원이든, 아이들에게 학습활동이 단순히 공부가 아닌 "자기 일"이 되게 하는 것이 무엇보다 중요하다. 모든 학습시간이 지식습득 시간이기보다 문제해결 시간이어야 하고, 그것도 '함께'하는 탐구시간이 되어야 한다. 이를 위해서는 포괄적 문제를 중심으로 단원을 하나의 유기체로 재구성하는 일이 무엇보다 선결되어야 할 문제가 된다. 나아가 포괄적 문제를 중심으로 학급 내에 원활한 상호작용의 통로를 마련하고 유지하는 일이, 따라서 학습과정 자체에서 아이들이 함께하는 창조의 기쁨을, 삶의 기쁨을, 맛볼 수 있도록 하는 것이 학습지도의 요체가 된다.

# 3 효과

　포괄적 문제해결학습의 학습은 단순히 지식습득을 위한 수단이 아니라 그 자체 목적으로, 지식 교육이 아닌 지적 교육이자, 경쟁적 학습이 아닌 협동학습이라는 것이 1장에서 논의되었다. 다음으로 2장에서 이런 학습의 실제를 과학과와 사회과의 한 단원씩을 통해 예시하여 보았다. 본 장에서는 포문학습을 일 년 단위로 지도한 결과 아이들에게 어떤 변화가 일어났는지를 기술해 보고자 한다. 아래 내용은 2009년부터 2012년까지 대구시내의 한 초등학교에서 6학년을 지도하면서 얻은 경험을 바탕으로 논의한 것이다.

　포문학습의 효과는 제 1장 "정신"의 세 영역에 비추어, 공부가 아닌 자기 일, 지식이 아닌 지적 교육, 사회 도덕적 발달 등 세 부분으로 나누어 논의하였다. 물론 세 영역은 엄격한 구분이 어려운 것이, 놀이가 된 공부는 곧 사고를 요하는 공부요, 다른 아이들과 함께하는 공부이기 때문이다. 어느 영역에서든 일기 등을 인용하여 아이들의 목소리를 가급적 가감없이 전달하고자 하였다. 여기에 나오는 아이들의 이름은 가명이다.

## 공부가 아닌 자기 일

효과에 관한 논의에 들어가기 전, 포문학습을 시작한 후 필자가 맡은 반의 전반적인 분위기를 한 번 살펴보는 것도 좋을 것이다. 우리 아이들은 한마디로 상당히 능동적이다. 담임교사의 부재 시에도 자율적으로 공동목표 달성에 임할 뿐 아니라, 학습에 임하여 나름대로 '근거'를 가지고 자기주장을 적극적으로 개진하고, 다른 사람들의 주장에 대해서도 그 '근거'를 요구하는 경향이 강하다. 이런 능동성은 아래 일화에서도 잘 드러난다.

"이런 애들은 정말 처음이에요. 그만 둘래요." 우리 반 임시교사가 중도에 그만 두면서 했다는 말이다. 포문학습 첫 해, 시작한지 3개월 쯤 지난 11월, 필자는 학교를 열흘 정도 쉰 적이 있었다. 교육실습생도 지도하는 중이었지만 심한 독감으로 어쩔 수 없이 집에 누워있어야 했다. 그 열흘 동안 임시 교사가 세 번이나 바뀌었는데, 앞의 인용구는 첫 번째 임시 교사로 오신 선생님이 그만두면서 하신 말씀이란다. 아이들의 잦은 질문에 난감해한데다 교생들의 가르침을 지켜보는 것이 하는 일의 거의 전부라 본인이 교실에 있어야 할 이유가 없다고 스스로 그만 두셨다고 한다. 두 번째 오신 선생님도 아이들에게 '스스로' 학습하고 생활하는 태도가 이미 정착되어 있어서 수업을 하기보다 이미 학습한 내용을 복습하는데 지나지 않았다고 한다.

세 번째 선생님은, 반면, 자주 소리를 지르고 비인격적 대우를 하는 선생님으로 아이들 일기에 묘사되어 있다. 주로 교과서를 읽거나 학습지를 풀게 하는 방식의 수업에 대해 아이들이 적응을 하지 못하고 왕성한 질문 공세를 펼치자, 선생님은 아이들의 수업 태도에 문제가 있다고 생각하시지 않았나 싶다. 아래에서 밝혀지겠지만, 우리 아이들은 수동적인 수업방식에 대해 알레르기 반응을 보이는 경향이 있다.

## 1. 공부하지 말고 과학해요!

포괄적 문제해결학습을 지도하면서 목격한 가장 큰 변화는 아이들이 과학이나 사회를 공부가 아닌 일종의 놀이로 본다는 점이었다. 필자들은 포문학습 지도를 시작할 때 우선 내용교과에 적용해보기로 하였고, 특히 개념구조가 상대적으로 분명한 과학과에 주력하기로 하였다. 그 결과 아이들에게 과학은, 듀이 말대로, 더 이상 배워야 할 무엇(something to learn)이 아니라 하고 싶은 일(something to do)로 다가가고 있었고, 점차 다른 교과에서도 이런 코페르니쿠스적 전환이 일어나고 있었다.

(1) 포문학습을 지도하면서 가장 인상적이었던 해는 시작한 첫 해이었다. 필자들은 2009년 후학기부터 본격적으로 포문학습을 의논하고 실천에 옮기기 시작했는데, 후학기의 포문학습이 전학기의 관행적 수업과 대비되어 아이들에게 크게 부각되었던 모양이다. 과학을 중심으로 포문학습을 시작한지 두 달 정도 되어 아이들이 보이기 시작한 반응이다.

> 요즘은 과학을 하자는 아이들의 요청이 쇄도한다. 쉬는 시간이면 우르르 몰려와서는 "선생님, 다음 시간에 뭐해요? 과학이에요?" "언제 과학해요?"라고 하는가 하면, 어떤 날은 "오늘은

과학이 두 시간이나 들어서 좋아요." "그냥 다음 시간에도 쭉 과학하면 안돼요?" "공부하지 말고 과학해요!" 라고 애원하기도 한다. (교사 일지. 2009.10.17.)

과학이 일상의 공부가 아닌 자기 삶이 되었다는 증거로 "공부하지 말고 과학해요!"라는 요청보다 더 강력한 증거가 어디에 있겠는가. 학습이 아이들에게 더 이상 하기 싫은 '노역'이 아니라 하고 싶은 '놀이'가 되었다는 점이 아이들이 자기 삶을 살고 있는 결정적 증거라 할 수 있다. 참여 동기가 내재적이면 "일이 곧 놀이"라는 샌티에너(G. Santayana)의 주장과 "인간은 놀이하는 한 완전한 인간"이라는 쉴러(F. Schiller)의 주장에 의하면 포문학습에 잠긴 우리 아이들이야말로 "완전한 인간"인지도 모른다.

(2) 과학이 아이들에게 공부가 아니라는 증거는 과학을 체육이나 미술과 대등한 교과로 보는 데서도 나타난다. 한번은 오후 체육시간에 과학을 대신 한 적이 있었다. 하고 싶어 하는 체육 수업 대신 골치 아픈 과학을 하게 되어 원성이 대단할 것이라 예상했지만 그 결과는 놀라웠다. 다음 날 일기에 많은 아이들이, 하지 못한 체육 수업에 대한 불평 대신 "과학이 체육보다 재미있었다. 새로운 경험이라 즐거웠다."는 등의 글을 남겼다(교사 일지. 2012.03.27.). 미술과 과학을 두고 쉽게 선택을 하지 못하는 아이들의 태도에서도 과학이 단순히 공부가 아니라는 점이 잘 드러난다.

『다수결』 오늘 5~6교시에 무엇을 하면 좋을까에 대한 다수결을 하기로 했다. 대상은 미술, 과학이다. 이 둘 중에서 한 가지를 골라야 한다. 그 중에서 친구들은 미술을 하자고 많이 말하였다. 처음에는 인원이 반반으로 나뉘었다. 그래서 2차로 다수결을 하니 미술이 인원수가 1명이 더 많아서 미술을 하게 되었다. 너무 아쉬웠다. 다음에는 과학을 하면 좋겠다. (호준 일기. 2011.11.29.)

게임보다도 교과활동이 더 재미있다고 하는 성호한테서도 이 점을 읽을 수 있다.

『요즈음 공부가 재미있어졌다』 '가난하다고 꿈조차 가난할 수는 없다'라는 책에서 나온 것처럼, 나도 이제는 게임보다는 수학, 사회, 과학, 국어, 영어, 예체능 등을 공부하는 것이 더 재미있다. 왜 그럴까? 그 이유는 공부를 하다보면 어려운 문제가 나오는데 그 문제를 풀면 '내가 이 문제를 풀었다' 하는, 마음 깊은 곳에서부터 우러나오는 뿌듯함이 느껴지기 때문이다. (성호 일기. 2011.11.29.)

(3) 주말보다 월요일을 기다리는 아이들의 자세에서도 과학이나 사회가 단순히 공부가 아니라 일종의 놀이가 되고 있다는 징표를 찾아볼 수 있다. "휴일도 좋긴 하지만 평일이 더 신나고 재미있다."거나 "오늘은 두 번이나 월요일이 빨리 오면 좋겠다는 생각을 하였다."고 하는 우리 아이들은 '예술가' 앙드레 김을 생각나게 한다. 디자이너 앙드레 김은 생전에 공휴일이 싫다는 인터뷰를 한 것으로 필자들의 뇌리에 선명하다. 의미있는 일, 즉 놀이를 할 수 없는 공휴일이 정말 싫다는 것이다.

『일주일』 일주일 7일 중 벌써 4일이 지났다. 일요일을 빼면 6일 중에서 4일이 지났다. 매주 금요일엔 방과 후 애니메이션부를 간다. 근데 저번에 간 것 같은데 벌써 금요일이다. 학교에서 재미있게 수업하면 6교시가 훅 지나가니 일주일이 금방 간다. 일주일이 바람처럼 쌩~ 이다. 나는 월요일에서 금요일이 좋다. 그 이유는 공부를 하기 때문이다. 내가 모르는 것을 알게 되었을 때 너무 그 과목이 더욱 재미있어진다. 휴일도 좋긴 하지만 평일이 더 신나고 재미있다. (종규 일기. 2011.05.19.)

『아, 월요일이 그립다』 오늘 수학시간에 모둠발표를 들어보지 못한 채 월요일로 미뤄지게 되어 참 안타까웠다. 빨리 월요일이 와서 모둠 아이들의 발표를 얼른 듣고 싶다. 오늘이 일요일이면 좋겠다. 일요일 바로 다음에 월요일이기 때문이다. 오늘은 두 번이나 월요일이 빨리 오면 좋겠다는 생각을 하였다. (원재 일기. 2012.05.18.)

(4) 단순히 주말이 빨리 가고 월요일이 왔으면 좋겠다는 생각을 넘어, 아예 한 학기가 더 있었으면 좋겠다는 생각을 하는 아이도 있다. 장난이 심하고 말을 잘 듣지 않아 선생님들 사이에서 '유명한' 종수는 2학기가 얼마 남지 않은 시점에서 중간, 기말 시험을 한 번 더 치르더라도 한 학기가 더 있었으면 좋겠단다.

『마지막』 선생님께서 이번하고 다음번만 하면 모둠토의가 끝이 난다고 말씀하셨다. 이렇게 재미있는 과학시간이 끝이 나다니 학기가 3학기가 있었으면 좋을 것 같다. 그 이유는 수업? 토의를 할 시간이 많기 때문이다. 물론 나쁜 점도 있다. 바로 시험을 중간, 기말 두 번이나 더 쳐야 하는 점이다. 이제 남은 한 번이라도 열심히 해야겠다. (종수 일기. 2011.11.12.)

포문학습이 끝나가는 것을 아쉬워하며 "그냥 6학년에서 멈추었으면 좋겠"다고도 한다.

『나, 이런 적 처음이야』 오늘 나는 진짜 새로운 느낌을 학교에서 느꼈다. 그것은 갑자기 공부가 재미있어지는 것이다. 그것은 아무래도 선생님 덕분이 아닌가 싶다. 처음으로 공부가 재미있어졌다. 특히 나도 과학탐구자가 되는 것이 가장 재미있다. 그 이유는 탐구하는 것이 꽤 재미있었다. 탐구하는 것은 정말 신기하다. 어른들이 보는 자료로 우리가 발표하고 정말 재미있다. 아, 그냥 6학년에서 멈추었으면 좋겠고 이 6학년이 너무 빨리 지나갈 것 같아 두렵다. (자영 일기. 2010.11.11.)

『끝?』 선생님께서 아령[도르래 원리 실험용 도구]을 다시 [집으로] 들고 가야 한다고 하시는 말씀을 듣고 새삼 느꼈다. "아~ 벌써 끝인가?" 어렵고 머리 아프긴 해도, 재미있었는데! 이렇게 끝나니까 너무 아쉽다. 우리 반 애들과 함께 1층에서 도르래를 만들어보면 진짜! 재미있겠다는 생각이 들었다! (연두 일기. 2012.11.28.)

(5) 포문학습을 일 년 정도 지도하다 보면, 연말에 가까워 늘 아이들을 일 년 밖에 지도할 수 없다는 사실에 안타까워하곤 했다. "이제 진척이 느린 아이들조차 포문학습의 맛을 보기 시작했는데..., 한두 해만 더 데리고 있으면 누구, 누구도 정상궤도에 올라갈 수 있을텐데...." 학부모들도 연말에 가까워 같은 말들을 하

곤 했다. 적어도 초등교육에서는 "교과를 가르칠 것이 아니라 아이를 가르쳐야 한다."는 말이 일리있는 말이 아닐까 싶다. 원래는 과학이 아닌 인문 쪽으로 진로를 생각하고 있었지만 이제는 과학고등학교를 희망하게 된 성희의 어머니 얘기다.

> "선생님, 수업 방식이 완전히 다르다고 들었는데요. 성희가 너무 재미있어 해서요. 이제 6학년도 끝나가는데 어디서 어떻게 아이에게 이런 식의 공부와 관심을 지속시켜줄 수 있을지 궁금해요. 혹시 어디 추천해주실 곳은 없으신가요. 본인은 꿈도 이런[과학] 쪽으로 계속 나가고 싶다고 하고 책도 이제는 이쪽만 계속 읽으려고 해요. 일 년만 하는 게 아쉬워요. 기회가 되면 다시 맡기고 싶어요." (성희모 상담록. 2011.11.08.)

물론 처음에는 포문학습을 부담스러워한 아이들도 있었다. 그렇지만 시간이 지나면서 아이들은 차츰 포문학습에 동화되어 갔다. "내게 가장 큰 고민은 공부가 싫고, 하고 싶은 부탁은 발표를 시키지 말아달라는 것이었다. 그런데 그 싫고 부담되던 억지 발표가 이제 너무 하고 싶은 것이 되었다."(연두 일기. 2012.06.15.)고 하는가 하면, "옛날엔 공부가 진짜 관심도 없었는데 요즘엔 공부가 솔직히 흥미있다는 건 아닌데 꽤 할만하다. 그냥 할 것 없음 공부하는 것? 정도이다."(진희 일기. 2011.06.13.)라고 하기도 한다. 대부분의 아이들에게는, 형주의 편지(2011.05.26.)가 말하듯, "모르면 재미없고 알고 있으면 지루"한 전통적 교과서 위주의 공부와 달리 포괄적 문제해결학습은 함께 탐구하고 토론하는 학습이라 "정말 수업이 재미있고 시간이 금방 흘러가"는 공부로 다가

갔다. 이런 포문학습과 대비되는 시험 준비 전달수업은 "앙꼬없는 만두[찐빵]"와 같단다.

> 『실력이 쑥쑥 공책(부제: 제 점수는요.)』 실력이 쑥쑥 공책이 이맘때 들어왔다. [전국비교시험에 대한 준비로] 아침 자습시간에 한다고 하는데 나는 그것보다는 한 가지 문제에 대해 A4용지 한 장 같은 것을 두고 같이 생각하는 것이 더 나을 것 같다. 그리고 이것[시험대비 지도]을 하면서 선생님이 선생님만의 색깔(예를 들어 모둠 토의나 생각)을 잃어버린 것 같다. 지금 상황은 농담 없는 책이요, 앙꼬 없는 만두이다. 그래서 선생님이 언젠가는 백 점이 될 수 있도록 노력하는 차원에서(지금 [선생님께 드리는] 내 점수는 96점이다) 색상을 되찾아주시길 바란다. (호림 일기. 2011.11.14.)

## 2. 그냥 끝날 때 까지 계속해요!

학습이 단순히 공부가 아니라 자기 삶이 되고 있다는 또 다른 증거는 학습에 시간가는 줄 모른다는 사실이다. "예전에는 늘 공부 시간이 길고 지루하다는 생각이었는데 6학년이 되고나서부터는 공부 시간이 언제 지났는지 모르게 시간이 너무 빨리 가요."라는 우엽이의 말에서 이 점이 잘 나타난다(교사 일지. 2010.05. 18.). 다음 해 예은이도 6학년이 되어서 처음으로 시간 가는 줄 모르는 재미있는 공부를 했단다. 밋밋한 일상적 경험 가운데 우뚝 솟은 듀이적 "하나의 경험"(*an* experience), 즉 절정경험에 해당된다고나 할까.

오늘은 2시간 동안 과학 공부를 했는데 평상시에도 할 때는 시간이 얼마 지났고 그런 거는 알았는데 오늘 공부할 때는 시간이 어떻게 갔는지 기억이 안 난다. 그냥 모둠 활동하고 선생님 얘기 듣다보니까 그냥 시간이 다 가서 인사[종례]를 하고 있기에, 정말 재미있었던 과학시간인 것 같다. 역시 선생님과 과학공부 하고 친구들과 토의하는 게 정말 재미있다. 공부가 더 잘 흡수(?)되는 것 같아서 처음으로 수업이 재미있다고 느낀 것이 6학년이다. (예은 일기. 2011.11.17.)

그러나 아이들은 포문학습에 단순히 몰두하는 것이 아니라, '오랫동안' 몰두하였다. 주의집중 시간이 짧은 어린이라 하여 학습단위도 50분이 아닌 40분으로 정해놓은 초등학교에서, 2교시부터 6교시까지 내리 5시간 동안 과학을 계속한 적이 있었다. 5시간이나 했는데도 진도를 못나가 수업을 망쳤다고 우려도 했지만, 아이들의 일기 내용은 정반대이었다!

『완전 대박』 오늘은 과학만 200분, 즉 5교시나 했다. 뭔 황당 시츄에이션! 완전 끝내줬다. 우리가 한 내용이 오전 10시와 오후 2시의 해는 어디일까에 대해서 쭉 했다. 살다 살다 한 교과 가지고 이렇게 몰입한 건 이번이 처음인 것 같아서 이것도 기억에 남은 것 같지만 정작 무슨 내용을 했는지는 까먹은 듯 하다. (형모 일기. 2010.10.28.)

『과학 수업』 오늘 과학시간은 엄청 재미있었다. 2교시부터 6교시까지 줄곧 과학만 했는데 지겹지 않았다. 그 정도로 수업이 재미있었다. 오늘은 정말 흥미로운 사실을 알아냈는데 지구가 자전할 때 서에서 동으로 이동하므로 서쪽은 오전, 동쪽은 오후였다[태양에서 내려다본 우리나라의 위치가 서쪽일 때 오전, 동쪽일 때 오후]. 또 내가 아무리 생각해봐도 답이 안나오던 날짜변경선을 지구가 자전할 때 1일이 걸려서 한 거였다. 나는 과학시간이 좋다. 우리가 서로 이야기하는 것이.... (정윤 일기. 2010.10.28.)

『2~6교시 과학시간』 나는 오늘 이렇게 과학을 재밌고 신나고 즐겁고 궁금하고 호기심을 가지는 것은 처음이었다. 그래서 정말 재미있었는데 2~6교시까지 과학을 할 줄은 몰랐다. 예전에는 과학시간에도 따로 유식하게 말하는 아이들이 있었다. 그래서 그 아이들만 계속 발표를 했는데 이번 시간에는 나도 발표하고 나도 궁금하고 나도 들어보고 하는 것이 신기롭고 재미있었다. (자영 일기. 2010.10.28.)

『정말 GOOD』 오늘 2교시때 선생님께 꾸중을 들어서 살짝 의기소침했었다. 그래서 3교시에는 영 집중을 못했었는데 4교시부터 6교시땐 너무 과학수업이 흥미진진해서 정신을 다른 곳에 놔둘 수가 없었다. 그래서 오늘은 발표를 7번이나 했다. 정말 과학시간이 전혀 지겹지 않게 느껴지다니 하루 종일 입이 귀에 걸렸었다. (유선 일기. 2010.10.28.)

그 이튿날에도 가시지 않은 아이들의 여운이 당시 교사의 일지에 생생하게 나타나 있다. "선생님, 어제는 다섯 시간이나 했는데도 하나도 지루하지 않았어요. 살다 살다 한 가지 주제를 가지고 이렇게 오랫동안 얘기해본 적은 처음이에요." "어제 과학을 다섯 시간이나 했으니 오늘은요, 체육을 그냥 4, 5, 6교시 쭈욱 해요. 그냥 중간에 하다가 멈추는 거 싫고요, 그냥 한 번 하면 끝날 때 까지 계속해요"(교사 일지. 2010.10.29.).

　이 일화를 통해 자기를 사는 것이 얼마나 중요한 일인지를, 흥미에 관한 한 아이들의 주의집중 시간이 결코 어른들에 뒤지지 않는다는 것을 알 수 있다. 장시간의 노력을 하면서도 흥미의 우산 아래에서 하는 노력이라 아이들은 그것을 노력으로 인식하기보다 하나의 도전으로 인식하였다.

## 3. 가장 심한 벌, 옛날 수업으로 되돌아가는 것

　학습이 공부를 넘어 자기 일이 되고 있다는 증거는 포문학습 시간을 공부 시간으로 생각하지 않는 예와 한 번 시작하면 몇 시간이고 계속하려는 예 외에도, 포문학습의 중단을 가장 심한 벌로 받아들이는 예에서도 나타난다. 한번은 학급전체에 대한 벌로 일주일간 전통적 수업으로 되돌아간 적이 있었다. 그 일주일간 아이들의 일기는 온통 포문학습에 대한 간절함으로 가득했다. 최고의 벌은 정학이라는 서머힐의 기록을 생각나게 하는 대목이다.

　　『그립다』 그땐 몰랐다. 얼마나 재미있었는지 그땐 몰랐다. 얼마나 즐거웠었는지. 이젠 웃음도 즐거움도 없다. 우울하다. 이게 뭔지 적응되지 않는다. 그립고 돌아가고 싶다. 우리들 때문에 우리만의 수업이 사라졌다. 힘들다. 앞이 캄캄하다. 즐겁고 재미있고 편안했던 옛날 그 수업이 그립다. (연주 일기. 2012.05.30.)

　　『학교=학원?』 사회시간이었다. 예전 화목하고 유익했던 우리 반이라면 당연히 모둠 토의를 했겠지만 이젠 아니다. 교과서 읽고 줄치고 시험보고 오답하고... 마치 감히 학교는 학원 같았다. 학교는 원리를 알려주고 학원은 공식을 가르쳐준다. 원리가 아닌 공식으로만 공부를 했다. 따분한 학원 시간 같았다. 내일 학교 가는 게 싫어질 것 같다. 예전처럼 되돌아가고 싶다. (완섭 일기. 2012.05.30.)

『다시』 다시 옛날로 돌아가고 싶다. 오늘 처음으로 같이 모둠별로 하거나 내 생각 표현이 아닌 다른 반처럼 읽고 듣고 쓰고 시험치는 형식의 공부를 했다. 결론은 힘들고 어려웠다. 예전처럼 머리를 맞대고 의논하던 그때가 그립다. 매 시간 공부가 이렇게 진행된다니 지루하고 힘들게 느껴진다. '그 때 쫌만 더 잘할걸!' 하는 막심한 후회가 밀려온다. 선생님, 한 번만 용서해 주세요. (윤동 일기. 2012.05.29.)

『우리들의 자격』 오늘은 학교에서 일이 벌어졌다. 예전 선배들이 바르지 않아 한 달여간 교수님이 오시지 않은 적이 있다고 우리에게 주의를 주셨는데 그게 사실일 줄 몰랐고, 현실로 비슷한 상황이 닥쳐올 것을 누가 알았겠는가. 아무튼 우리의 발표 자세와 기본적으로 바르지 않은 행동에 선생님께서 많이 화가 나셨다. 남의 발표에 비웃고, 다른 친구의 수정 의견에 받아들이지 않고 밀어내고, 수업 도중에 물을 먹고... 에이구. 내 스스로도 답답하다. 우리의 자격을 갖추려면 그에 합당한 행동을 해야 되는데 되려 더 못미치고 실망스러운 행동을 했으니 말이다. 선생님께서 앞으로 사회 시간에는 시험을 칠 것이라고 하셨을 때 빡빡이 때문이 아니라 재미있는 발표를 못하고 마지막에 답을 딱 아는 그 짜릿함을 못 느낀다니. 아 정말 시간을 째깍째깍 뒤로 돌려서 그 웃을 때 입을 턱 하고 막고 싶었다. 우린 앞으로 무슨 낙으로 공부하겠는가? 이 큰 실수를 무엇으로 덮을 것인가? (혜진 일기. 2012.05.25.)

일주일 후 다시 포문학습으로 되돌아왔을 때, 아이들이 경험한 안도와 희열이 아래 일기에 잘 담겨져 있다.

『내가 죽어도 여한이 없다』 "으아아~" 선생님께서 2조를 시키시는 눈짓을 할 때 우리 조는 일제히 멘탈붕괴인 멘붕이 되었다. 그래도 깊이 듣고 메모도 해 가며 들었다. 너무너무 반가웠다. 우리 조가 발표를 못해도 좋았다. 옛 친구를 30년 후에 만난 느낌이다. 그때는 이게 이렇게 재미있고 신나는지 몰랐다. 일상이다 보니 처음에 재밌던게 그냥 그렇게 된 것 처럼 바이킹을 계속 타면 지겹듯이. 그래서 회전목마 탔는데 너무 지루해서 다시 바이킹을 타니까 흥분되는 것처럼. 정말 다시 잃어버린 제도와 왕권(?)을 되찾았으니 죽어도 여한이 없었다. 이 기쁘고 좋은 날에 왜 비가 온담. 아무튼 예방주사를 맞았으니 과거의 일은 없던 걸로 치고 다시는 그런 병에 걸리지 않았으면 좋겠다. 뭐 그건 우리가 하는 행동에 달려있지만... (혜진 일기. 2012.06.08.)

『아~ 엄마』 오늘 다시 토의공부를 했다. 아! 이 맛을 다시 보게 되는구나. 역시 이 맛이야 라는 느낌이 들었다. 내가 공부가 재미있다는 것을 모른 채 건방지게 굴었구나. 하는 생각을 또 한 번 하게 되는 바이다. 토의공부라는 것은 나에게는 엄마같다. 그 동안 다른 반에서 수업하다 다시 우리 반에서 공부하게 되는 그런 느낌 같다. '아~ 엄마, 공부라는 엄마. 잃어버리지 않겠다! (연주 일기. 2012.06.08.)

『비』 오늘 아침에는 날씨가 좋았지만 4시를 넘으면서 집에 가는 길에 비가 왔다. 오늘은 비가 와도 기분이 나쁘지 않았다. 비를 맞아서 싫기는 했지만 친구들과 같이 가서 맞아도 기분이 좋았다. 기분도 좋고 모둠토의까지 했으니 비가 와도 나쁠 게 없었다. 매일 이렇게 비가 와도 기분이 좋고, 행복한 일만 있으면 좋겠다. 오늘은 행복한 비가 온 것 같다. (준서 일기. 2012.06.08.)

그 전 해에도 비슷한 상황이 있었던지 성희도 유사한 내용을 차분하게 비유적으로 적고 있다.

『다시 한 번 더』 옛날 두 개미가 살았다. 한 개미는 항상 밥숟가락이 입에 들어올 때까지 누워서 입만 벌리고 있었다. 개미와 함께 살던 다른 개미는 언제나 밥상을 차려주고 밥 먹는 법을 가르쳤다. 첫날, 그 개미는 서툴기는 하지만 수저를 들 수 있게 되었다. 가르치던 개미는 크게 기뻐했다. 날이 갈수록 게으른 개미는 발전해왔다. 9개월째로 접어들자 게으른 개미는 다시 수저를 놓고 기다리기 시작했다. 가르치는 개미가 손에 수저를 몇 번 더 쥐어주었음에도 불구하고 게으른 개미는 수저를 쥐지 않았다. 크게 실망한 가르치는 개미는 그날부터 게으른 개미를 외면하고 피했다. 게으른 개미는 처음에는 그런 가르치는 개미가 왜 그러는지 몰랐지만 곧 깨달음을 얻어 다시 수저를 들고 골고루 이 반찬, 저 반찬 집어가며 밥을 먹고 가르치는 개미의 노고에 보답이라도 하는 듯 열심히 일까지 하였다. 그리고는 가르치는 개미가 다시 돌아오길… 간절히 바랬다. (성희 일기. 2011.11.25.)

> 『희망의 샘』 오늘 가르치는 개미가 돌아왔다. 게으른 개미들은 기뻐했다. 게으른 개미들의 희망, 그리고 무한한 가능성이 다시 자라기 시작하였다. 다시 과학 토의를 할 수 있게 된 개미들은 오늘, 열심히 생각하고 생각하였다. 그리고 모둠 내의 발표도 활성화시켰다. 우리 개미들은 이제 기본을 깨달았다. 기본을 깨달으니 가르치는 개미가 돌아왔고 그 동시에 개미들의 샘에 희망이 차오르기 시작했다. 그렇다. 개미는 돌아왔다. (성희 일기. 2011.11.29.)

개인 차원에서도 포문학습에서 열외 되는 것이 가장 큰 벌이었다. 윤동이는 회장이면서도 반항적 리더십(?)으로 종종 엄마나 교사와 대립각을 세우며 의도적으로 규칙위반을 선동하곤 하였다. 한번은 학교에 샤프펜슬을 가져오지 말자는 학급의 결정에도 불구하고, 또 한 아이가 그 전날 샤프펜슬을 가져와서 벌칙을 받는 장면을 목격했음에도 불구하고, 보란 듯 다음날 학교에 샤프펜슬을 가져온 적이 있었다. 회장이라는 점을 고려하여 일종의 가중 처벌적 의미로 윤동이에게 토론하고 '합의'하는 수업에 대한 참여를 배제하고 혼자 떨어져 공부하도록 하였다. 열외가 되어서도 다른 아이들의 토론을 계속 기웃거렸던 윤동이는 풀이 죽은 채 하교했고, 그 다음날 일기에서 '진심으로 죄송하다고 용서를 빌고, 다시 한 번 공부의 기회를 달라'는 취지의 반성을 하였다(교사 일지. 2012.06.14.).

이같이 포문학습을 통해 아이들에게 학습은 단순히 공부가 아닌 자기 삶이 되어가고 있었다. "공부하지 말고 과학해요!"라고 하는가 하면, 같은 주제를 내리 5시간 시간 가는 줄 모르고 탐구하기도 하고, 포문학습의 중단을 가장 심한 벌로 생각하기도 하였다. 이제 이런 흥미'로서의' 학습이 가져온 지적 효과를 살펴보기로 하자.

## 지식습득이 아닌 지적 성장

앞의 여러 예에서 보았듯, 포문학습을 통해 아이들이 맛보는 희열은 '학습하는 대신 노는' 데서 오는 희열이 아니라 '학습을 노는' 데서 오는 희열이었다. 그것은 탐구에서 오는 지적 희열, 단순히 지식증대가 아닌 지적 성장에서 오는 희열이었다. 6학년이 되어서야 처음으로 학습을 공부가 아닌 즐거움으로 경험하였다고 한 새봄이의 아래 대화가 그런 지적 희열을 잘 보여준다. 새봄이는 최상위 성적 그룹에 속했지만 부모의 공부 성화에 넌더리를 내는 아이였고, 심한 스트레스로 엄마에게 "막 살겠다."며 엄포까지 놓은 아이였다. 포문학습을 접한 지 한두 달쯤 지나자, "앎의 기쁨이 이런 것인지 처음 알았어요!"라며 들뜬 모습이다.

> "궁금한 게 있는데 옛날부터 계속해서 묻고 싶었는데 태풍은 왜 생겨요?" 계절변화의 원인을 알아내느라 골머리를 앓고 있던 새봄이가 문득 환하고 들뜬 목소리로 "선생님, 안다는 게, 알게 된다는 게 이렇게 즐거운 일인지 몰랐어요. 앎의 기쁨이 이런 것인지 처음 알았어요!"라며 지나가는 발길을 붙잡는다. '쉬는 시간이니 화장실도 좀 다녀오라'는 말에 새봄이가 보인 반응이다. 수업이 끝나고 5분여가 지나도 꿈쩍하지 않던 건우

는 "지구의 북극이 N이라고 생각했는데 S극, 즉 거꾸로 된 큰 자석과 같다니 충격적"이란다. (교사 일지. 2010.05.18.)

앞에서도 말한대로, 필자들은 아이들에게 "답이 맞고 틀리는 것이 문제가 아니라 얼마나 설득력있는 생각인가가 중요하다. 자기 논리만 뚜렷하면 가설이 틀려도 상관없다."는 말을 자주 하곤 하였다. 그 결과 아이들은 점차 '틀리면 어쩌나'하는 불안감에서 벗어나 나름대로 '근거'를 가지고 가설을 말하기 시작하였고, 제시된 가설에 대해 '근거'를 가지고 반박하고 옹호하였으며, 반전을 거듭한 끝에 자기네 모둠의 가설이 정답으로 판명되었을 때는 온몸으로 지적 희열을 표현하곤 하였다.

이같이 아이들은 진위판정의 결과보다 그것을 검증해가는 과정에서 더 큰 희열을 느끼기 시작했다. 일기 곳곳에서 자신의 능동적 기여가 가능한 모둠별 토론 시간을 포문학습의 꽃으로 여기는 장면이 나타났다. (몇 년 만에 찾아오는 졸업생들도 이구동성으로 다른 것은 몰라도 모둠토의는 꼭 계속해달라는 당부를 잊지 않는다.) 모둠별 발표 시간은 학급전체 활동이라 능동적 상호작용에서 소외되는 아이들도 있지만, 4~5명으로 이루어지는 소집단 모둠 토론에서는 누구나 능동적 참여가 가능하였기 때문이 아닌가 싶다. 한번은 학예회의 일환으로 비교적 성공적으로 연극 공연을 마친 적이 있었다. 그 후 아이들이 공연에 관한 얘기를 나눌 때면, 본 공연이 아니라 그것을 위해 열심히 준비했던 과정을 주로 회상하였다(윤서 일기. 2011.11. 13.). 아이들의 기억을 차지하고 있는 것은 결과가 아니라 거기에 이르기까지 열심히 참여했던 과정, 문제 해결을 위해 머리를 맞대 의논하고, 실험하고, 수정해 나갔던 탐구의 과정이 아니었나 싶다.

## 1. 누가 모르나, 그러니까 왜 그렇게 되는 건데?

(1) 포문학습을 통한 아이들의 지적 성장은 우선 근거주의로, 즉 '근거가 빠진 주장은 주장이 아니다.'는 인식의 확장으로 나타났다. 근거없이 하는 주장의 불안함이 아래 글에 잘 나타나 있다.

> 선생님, 할 줄은 알겠는데 왜 이렇게 했냐고 물을까봐 겁이 나요. 우리 반 아이들 반 이상이 손들고 질문할 줄 알았는데 그래도 몇 명 안 물어봐서 다행이에요. 그렇게 해야 하는 이유는 무엇인지 다시 말해주세요. 이렇게 이렇게 하고[곱을 손으로 가리키며] 저건 이렇게 이렇게 한다고 했는데 왜 그렇게 하는지 이유를 알려 주세요. (교사 일지. 2009.12.28.)

주장은 반드시 근거로 뒷받침되어야 한다는 지적 성장의 예를 아래 아이들의 대화에서 엿볼 수 있다. 지성 즉 '이성'(reason)이 왜 '이유'(reason)와 동의어인지를 생각나게 하는 대목이다. $A:B = 5:3$, $B:C = 2:3$인 경우 $A:B:C = ?$를 구하는 비례배분식이 문제가 되는 장면이다.

> 윤정 : [교사에게] 2에는 3을 곱하고 3에는 2를 바꿔서 곱해야 해서요.
> 보영 : 왜? 왜 바꿔서 곱해야 하는데?
> 우엽 : 나도 그거 몰라서 발표 못하고 있다.

유선 : 니 그거 학원에서 배웠제?
윤정 : …
형석 : (비례배분 식까지 다 알고 있다.) 이렇게 해서 곱하는 거다.
보영 : 그러니까 왜 그렇게 되는 건데?
유선 : 나도 그냥 그렇다고 배웠거든.
성민 : … 이렇게 아래위로 곱해야 한다고.
보영 : (성민이를 제외한 3명이 모두 질문을 던진다) 누가 모르나. 그러니까 왜 그렇게 되는 건데?
건우 : 그러니까 비의 값을 분수로 나타내면 어쩌고….
우엽 : 와! 니 천재다!
현정 : 뭐라고?
우엽 : 아, 가르쳐주지 마라.
건우 : 그러니까 영수를 기준량으로 잡으면 된다니까.
(교사 일지. 2010.12.16.)

포문학습을 통해 아이들이 지적으로 크게 성장하고 있다는 것은 학부모들도 느끼는 모양이다. 아이들의 근거에 대한 요구를 두고 부모들은 "따진다."고 생각하고 사춘기적 특징이라 생각하는 경향도 있지만, 필자들이 보기에는 아이들이 오히려 합리적인 존재로, 이성적인 인간으로 변해가고 있는 모습이 아닌가 싶다.

"예전이랑 다른 건, 요즈음은 집에서 이야기를 하면 아이가 수긍을 하더라구요. 작년까지만 해도 나이 차이가 많이 나는 고등학생 언니만 신경을 써주고 자기는 왜 등한시 하냐고 따지고 들었는데, 올해는 언니가 공부한다고 늦게 오니까 엄마가 더 신경을 써주는 것을 이해를 하기도 하구요. 그런데 반면에

전에는 그냥 친구들과 나가서 노는 것을 하지 말라고 하면 안 했는데 요즈음은 왜 하면 안 되는지 꼬치꼬치 캐물어요. 사춘기라서 그런지 도통 쉽지가 않아요. 자기 할 일 다 하고 나가 노는데 왜 안 되냐고 하는데 딱히 뭐라고 할 말이 없기도 하고 해서 그냥 나가지 말라고 하면 아이가 끝까지 수긍을 하지 않더라구요." (현정모 상담록. 2010.09.07.)

교사: 그런 이야기를 해 나가는 과정 속에서 합리적으로 주장도 하고 자기 생각도 펼쳐보라고 하는데 잘 되려는지 모르겠어요.
새봄 모: 선생님이 그러시니까 하는 말인데요... 요즈음 사춘기라 그런지 얼마나 따지고 드는지. 뭘 이야기를 하면 안 되는 이유를 백가지를 말하라고 하지를 않나, 그것도 안 되면 열 가지라도 하래요. 속으로 저는 하나도 이유를 못 대겠는데 새봄이 저는 또박 또박 이건 이래서 그렇고 저건 저래서 그렇다는 둥. 에휴, 커서 그런지 딸 키우기 정말 힘드네요. (새봄모 상담록. 2010.09.10.)

이는 교실에서 '이유'를 요구하던 태도가 가정으로 연장된 것이라 볼 수 있다. 현정이의 예에서 보듯 과거에 잘 수긍하지 않던 점을 이제는 수긍하는가 하면, 과거에는 말을 잘 들었는데 이제는 따지고 드는 점이 일견 모순되어 보이지만 사실은 합리성이라는 같은 뿌리에서 자라나온 다른 가지가 아닌가 싶다. 수긍하는 것도 "합리적"이기에 수긍하는 것이고, 따지고 드는 것도 "합리적" 근거를 제시하라고 따지고 드는 것이다. 요컨대 현정이나 새봄이는 지적 합리성에서 상당한 성장을 이룬 아이, 타율성에서 자율성으로 변한 아이라 볼 수 있다.

　이런 근거를 중시하는 경향은 의견을 제시할 때 반론을 '예견'하고 제시하는 신중성에서도 잘 나타난다. 2010년 우진이는 전체 학급을 대상으로 하는 모둠별 발표 중 겨울 북서계절풍의 원인을 설명하는 과정에서 "우리가 추운 곳에 있으면 따뜻한 곳으로 가고 싶듯 시베리아 쪽의 추운 바람이 따뜻한 남쪽으로 불어온다."고 하였다. 뒤이어 "'그런데 왜 여름에는 더운 곳에서 서늘한 곳으로 바람이 불지 않고 반대로 부냐?'고 반문하면 그것은 우리에게도 미스터리다."라고 하여, 답은 모르지만 여름의 남동계절풍에 관한 반문은 이미 예상하고 있다는 발표를 하였다. 듀이가 말한 "극적 예행연습"(dramatic rehearsal)이 아이들에게 작동되고 있었다.

　(2) 아이들의 지적 성장은 지적 신중성 뿐 아니라 도전성으로도 나타났다. 혜정이는 "이제 포기라는 것은 없다. 모든 어려운... 문제여 나에게 오라!"고 외치고, 완섭이는 "오늘은 어떤 어려운 문제가 닥칠까 무서웠기도 했지만 '또 왔네? 풀어주겠어!' 라는 오기도 생겼다."고 기록한다.

　　『이제 포기는 없다』 선생님께서 경우의 수 문제를 처음 내주셨을 때 나는 세상에서 가장 어려운 퀴즈를 푸는 것만 같았다. 그런데 점점 해결해가다보니 무슨 마법의 성을 열 수 있는 열쇠를 찾은 것 같이 묘하고 재미있었다. 이제 어떤 경우의 수도 완벽히 소화해 낼 수 있을 것 같다. 그리고 처음 문제를 받을 때는 포기하고 싶었는데 모둠 발표로 인해서 내가 더욱 알게 되고 강해졌다. 이제 포기라는 것은 없다. 모든 어려운 일이며 문제여 나에게 오라! (혜정 일기. 2011.11.12.)

『hard? fun!』 오늘 3교시는 과학인데다 공책만 준비하라는 선생님 말씀에 혹시 모둠토의를 할까하는 기대감과 역시라는 안도감이 공존했다. 오늘은 어떤 어려운 문제가 닥칠까 무서웠기도 했지만 "또 왔네? 풀어주겠어!" 라는 오기도 생겼다. 차근차근 예상을 해보고 여러 개의 예상 중 가장 적합한 것을 골랐다. 그리고 그 공식을 다른 곳에도 적용시켜보고 예도 찾아 발표하게 되니 가슴이 날아갈 것 같았다. 이젠 정말 즐겁다. (완섭 일기. 2012.11.27.)

사실 인생을 살아가자면 지적 신중성 못지않게 난관 앞에서 쉬 굴복하지 않는 지적 도전감, 진취성, 지구력 등의 태도도 요청된다. 이런 도전성과 지구력은 사회적 '인재'가 갖추어야 할 중요한 덕목의 하나로, 포문학습은 지적 책임감을 넘어 도전적 태도도 길러준다. 이는 아이디어의 진위 여부보다 설득력 유무를 더 중시여기는 학급풍토가 낳은 현상의 하나가 아닌가 싶다.

(3) 이런 지적 신중성과 도전성은 창조성의 형태로 귀결된다. 아이들은 다른 아이들로부터 "와! 니 천재다!"느니 "기발하다!"느니 하는 평을 들을 정도로 학습문제에 대해 멋진 아이디어를 내는 경우가 다반사였다. 한번은 "계절의 변화" 단원의 모둠별 발표 시간에 한 모둠이 "여름에는 지구가 태양 주위를 천천히 지나가고 겨울에는 빨리 지나가기 때문에" 여름에는 덥고 겨울에는 춥다는 가설을 발표한 적이 있었다. 평소에는 눈에도 잘 띄지도 않던 한 아이가 "그러면 여름에서 겨울로 넘어갈 때 지구가 움찔

하겠네."라는 반론을 제기하여 놀란 적이 있었다. 물론 여름 다음에 오는 계절은 겨울이 아닌 가을이지만(실제로 한 아이가 제기한 반론이다), 또 속도의 변화가 있다 하더라도 급작스런 변화가 아닌 점진적 변화가 있을 수도 있지만, 두 계절 사이에 지구공전 속도상의 차이가 '전제'된다면 자동차의 변속 시 우리가 느끼는 움찔함을 계절의 변화 시에도 느껴야 한다는 '귀결'은 상당히 기발한 추론이었다. 아이들 하나하나를 두고 보면 창조적일 수 있는 순간이 예외일지 모르나, 그 아이들을 한데 모아두면 창조성이 예외가 아닌 법칙이 될 수도 있다는 점을 엿볼 수 있는 대목이다.

사실 듀이 말대로 근거있는 가설을 설정한다는 자체가 일종의 창조성의 발휘라 할 수 있다. 기존의 자료들을 잘 조합함으로써 각 자료에는 없던 새로운 무엇을 만들어내는 행위가 곧 '창조'에 해당되기 때문이다. 학습이 곧 문제해결 과정인 우리 아이들에게 창조성의 성장은 불가피한 귀결이라 할 수 있다.

## 2. 쥐구멍에도 볕들 날 있다더니!

아이들의 이런 지적 성장은 특히 성취도의 중하위 그룹에서 크게 나타났다. 만성적으로 학습에 태만했던 아이들이 능동적으로 참여하기 시작했고, 낮은 성적으로 수업에 소극적이었던 아이들이 모둠별 토론에 기여하면서 자신감을 회복하여 갔다. 수년간 문제아로 취급되면서 사실상 학습에서 손을 놓았던 아이들이 토론에 참여하여 훌륭한 아이디어를 내기도 하였다.

호준이는 5학년 때까지만 해도 자타가 공인한 부진아로, 사실상 방치된 아이였다. 그러던 호준이가 포문학습과 더불어 자기 목소리를 찾으면서, 급기야 모둠별 토론에서 자신이 제안한 가설이 모둠의 대표 가설로 채택되기에 이르렀다. 이를 두고 같은 모둠원이었던 성적 상위의 연희는 "굼벵이도 구르는 재주가 있다더니."라고 감탄하였다. 연희가 하고 싶었던 말은 "쥐구멍에도 볕들 날 있다더니!"가 아니었나 싶다.

> 『굼벵이도 구르는 재주가 있다더니』 오늘 공부할 문제는... '우리가 물체를 볼 수 있는 까닭?' 대충 이러하다. 우리는 또 각자 자신의 의견을 가지고 모둠 토의를 시작하게 되었다. 이번에도 보나마나 정완섭의 의견이 [채택]될 게 뻔했는데 의외로 김호준의 의견이 마음에 들었다. 결국 우리는 김호준의 의견에 따르기로 하였다. "쟤가 왠일이래? 굼벵이도 구르는 재주가 있다더니만..." (연희 일기. 2012.03.30.)

정호도 큰 성장을 보인 경우의 하나이다. "맨날 이상한 말에다 고집만 부려서 이번에도 그렇겠거니 했는데 이번에는 정호 말이 맞았다. 정답이 나올 때 모둠원들이 다 같이 놀랐다"(호길 일기 2012.06.15.). 아래 정재의 일기에 등장하는 영태와 윤기도 학급에서 차원이 다른 소년으로 혹은 만성적 태만아로 아예 열외 취급을 받는 아이였다.

> 『재능의 재발견』 오늘 큰 발견을 했다. 체육시간에 평소 답답한 아이가 아닌 영웅이 된 영태다. 토끼양으로 불리는 그는

> 서브를 두 번 했는데 그 두 번으로 득점을 하여서 거의 영웅이 되었다. 또 다른 사람은 윤기다. 걔는 공책을 늦게 내는 것이 특기이었는데 내가 궤도를 잡은 것으로 인력을 어쩌고 저쩌고 해서 발표를 하기까지의 모든 과정 중, 핵심이 윤기의 의견이었다. 영태도 윤기도 자기들에 관한 패러다임을 깨고 나온 생각깊은 아이들인 것 같다. (정재 일기. 2011.06.03.)

영태는 말하자면 '운동 지능' 영역을 기점으로 자기 존재감을 찾기 시작했다. 나중에는 특히 '인터넷 검색' 영역에서 아이들의 인정을 받으면서 기회만 되면 그 쪽으로 기여하고 싶어 했다. 중학교 진학 후에도 다른 아이들과 함께 초등학교 교실로 찾아올 때면, 컴퓨터에서 아이들이 좋아하는 공연 동영상을 찾아 보여주는 데서 존재감을 확인하곤 했다. 중학교에서는 6학년 때만큼 다중 "지능"의 발휘 기회를 잡지 못하는 것 같아 안타깝기도 했다.

5학년 때까지만 해도 지각을 밥 먹듯 하고, 공부시간에도 책을 한 번도 편 적 없이 마냥 책상에 엎드려있기만 했다던 윤기가 모둠별 토론에서 의미있는 기여를 한다는 것은 놀라운 변화이었다. 가끔 퇴보도 했지만, 2학기에도 모둠 안에서 지적 존재감을 드러냈다.

> 방과 후 교실에 남은 윤기가 느닷없이 "선생님 바람이 불 때요, 남풍이나 북풍이 부는 게 아니라 남동풍이나 북서풍이 부는 이유 말이에요. 그거 지구가 이렇게 자전을 하니까 바람도 휘어서 그런거 아닐까요?" 하고 묻는다. 스스로 생각해낸 것에 대해 격려하자 윤기의 눈시울이 이내 붉어졌다. "저, 근데 선생님, 제가 생각하기에는 제 말이 맞거든요. 성희 얘기보다도 제

> 얘기가 아무리 생각해도 더 맞는데 아무도 내 얘기를 안 들어줘요. (눈에 눈물이 가득 고인 채로) 성희가 오니까 내 얘기를 들어줬어요. (눈물을 닦으며) 아무리 생각해도 내 말이 성희 것보다도 더 맞는데, 나중에서야 성희 의견에 내 것을 조금 더 했어요." (교사 일지. 2011.10.25.)

3장의 여기저기서 나타나듯, 학습이 자기 삶이 되고, 따라서 단순히 지식습득을 넘어 지적 성장을 보인 중하위권 아이들은 한 둘이 아니었다.

## 3. 다른 교과로, 학교 밖으로

지적 성장은 종적으로는 물론 횡적으로도 일어났다. 내용교과의 성격이 강한 과학과 사회과에서만 포문학습이 성공적이면 다른 교과로의 전이는 비교적 쉬운 문제라 보고, 지금까지 주로 그 두 교과에 포문학습의 실천을 주력해왔다. 그러나 의도치 않게 다른 교과로도 자연스럽게 전이가 일어났고, 방과 후에도 아이들은 탐구의 호기심을 이어나갔다. 물론 이런 전이는 아이들뿐 아니라 교사에게도 해당되었다.

(1) 수학도 포문학습을 적용키로 의도한 교과가 아니었지만, 이 장의 여기저기서 나타나듯 수학시간에 일어난 전이는 다반사에 가까웠다.

> 『수학시간』 오늘 3교시는 수학시간이었다. 방정식 단원의 문제를 풀 것 같았다. 그러나 내 예상은 절망이 아닌 환상으로 바뀌었다. 3교시는 바로 오랜만에 해보는 수학 모둠토의였다.

넝쿨째 굴러온 행운인가! 너무 기대가 되었고 기분이 업됐다. 나만의 비법 소스를 아무도 모르게 가져가서 모둠 친구들의 의견과 섞어 좋은 결과를 만들어냈다. 예시에 근거까지 확실한데 발표를 못하니 아쉬웠다. 그래도 모둠토의 짱! (완섭 일기. 2012.12.06.)

『오늘은 뜨악』 수학이 들어 있어서 나는 우울했다. 수학을 쫌 싫어하기 때문이다. 오늘은 색종이로 감쌀 수 있는 가장 큰 직육면체를 구하는 것이다. 열심히 생각하여 성공하였을 때 성취감이 가슴 한 가운데를 뻥! 뚫어주는 것 같았다. 너무 기분이 좋아서 날아갈 뻔하였다. 내일도 수학이 들어있으면 좋겠다. (윤서 일기. 2012.10.08.)

포문학습에서는 국어과를 독립적으로 지도할 필요성이 크게 줄어든다. 토론과 그 결과정리를 중시하는 한 모든 교과시간이 언어능력의 활용 시간일 뿐 아니라, 아이들이 매일 일기를 쓰고 그 발표와 논의를 정례화하기 때문이다. 그러나 문학영역에서와 같이 국어과를 별도로 지도하는 경우, 흔히 포문학습의 형식을 취하고 있는 자신을 교사는 발견하곤 하였다.

아이들은 체육시간에도 경기를 멈춘 채, 부족한 시간을 토론하고 발표하는데 할애하곤 하였다.

축구를 하다가 판정 기준과 규칙이 애매모호하고 편파적이라는 볼멘 목소리가 터져 나오면서 경기가 중단되었다. 축구 잘하는 아이 몇몇이 아까운 시간 허비 말고 대충 하자고 하지만 상당수 아이들에게는 어림없다는 반응이다. 결국 운동장 한 가운데 빙 둘러서서 입씨름이 벌어졌다. 패스를 할 상황이 있고 그렇지 못할 상황이 있다는 등, 그러려면 기본 실력을 좀 키워놓아야 했다는 등 설왕설래했지만 어쨌든 모두가 참여할 수 있는 축구 경기 규칙이 마련되어야 한단다. 교사의 "시간이 없으니 얼른 축구하라"는 재촉과 채근에도, 아이들은 그저 초조한 시계를 따라 마음만 급할 뿐 도통 몸을 움직이려는 기색이 없다. (교사 일지. 2010. 12.21.)

『2시간』 2교시는 바로 체육이었다. 이번 주에는 처음하는 체육이라 더 기대가 되었다. 배구수업이었는데 한두 팀이 모여서 연습, 실전 경기를 했다. 한 경기가 끝나면 모여 문제점을 발표하고 해결방안을 회의하는 것을 반복했다. 실제 배구 코트에서도 했고 그러다 결국 2시간이나 했다. 즐거운 2시간이었다. (완섭 일기. 2012.06.20.)

한번은 체육 보조교사가 경기 규칙을 설명하던 중 아이들의 질문이 쇄도하자 난감해하며 "어, 이 반 왜 이래? 그냥 해. 하다보면 어떻게 하는지 알 수 있을 거야. 이제 질문은 그만!"(교사일지. 2013.04.19.)이라고 하신다. 우리 반 아이들의 질문은 시도 때도 없어서, 전담교과 시간에도 토론의 본색을 감추지 못한다고 한다. 학년말 교과전담 선생님 한 분이 담임인 필자에게 하신 말씀이다.

그 반 아이들은 어찌나 말이 많은지 내가 한 마디 할라면 저 거는 열 마디도 더해요. 걸핏하면 토의하자카고. 그런데 3반은 생각이 왜 그리 많은지... "애들아 토론 좀 하지말자"고 해야되요, 안 그러면 그 반은 진도를 나갈 수가 없어요. (교사 일지. 2010.12.11..)

(2) 듀이에 따르면 학습문제가 아이들에게 진정한 자기 문제가 되었는지를 알 수 있는 한 가지 방법은, 아이들이 학교 밖에서도 계속 그 문제를 탐구하는지를 보는 것이다. 우리 아이들의 탐구 태도는 단순히 정규 학습시간뿐 아니라 방과 후에도, 중학교에 진학한 후에도 계속되었다. 집에 가는 버스 안에서도, 집에 가서도 탐구는 계속되었다.

나는 오늘 에너지에 대해서 조사를 했는데 컴퓨터가 안 돼서 폰으로 했다. 에너지의 종류는 운동 에너지, 빛 에너지 말고 기계 에너지가 있을 거라고 생각하고 찾아 봤는데 나왔다. 나는 그것을 보고는 "맞네!"라고 버스 안에서 혼자 말을 해서 이상한 사람이 되었다. (정옥 일기. 2011.11.15.)

오늘 집에 와서 복합과 고정도르래의 문제를 풀 수 있게 되었다. 먼저 도르래에 지레를 대입해보면 지레의 힘점, 받침점, 작용점이 나오게 된다. 움직도르래는 힘점과 받침점 사이의 거리가 고정도르래의 2배이다. 그러므로 무게도 반으로 줄여준다. 누름 못뽑이와 병따개가 그 예이다. 그래서 고정 75개랑 움직 75개가 있으면 자동차 300kg을 2kg의 힘으로 들 수 있다. 알아낸 것이 정말 자랑스럽고 뿌듯하다. (형주 일기. 2011.11.19.)

『미끄럼틀』 미끄럼틀을 놀이터에서 보고 거기서 공을 굴려본 적이 있다. 한 개는 직선 미끄럼틀이고 다른 하나는 좀 구부정한데 공을 굴리면 구부정한 것이 더 빨리 떨어진다. 곰곰이 생각해보니 직선 미끄럼틀에서 빨리 떨어진다고 했던 내가 성급했다. 무작정 곡선이 더 길어서 느리게 떨어진다는 생각을 했는데 그것이 절대 아니었다. 실수였다. 이 곡선 같은 것은 싸이클로드인가 뭔가 그렇게 부르는 것 같던데 그 원리는 아직 잘 알지 못했다. 그래서 그것에 대해 또 생각해보니 내가 속도를 생각 못한 것 같다. 그냥 가속도와 마찰이 있는 가속도보다 더 빠를 수밖에 없다. (규현 일기. 2010.11.11.).

생태계 단원과 관련 외래 동식물의 침입에 대한 탐구를 하고 난 후였는데, 하교 후 현식이가 흥분한 목소리로 학교로 전화를 걸어왔다. "선생님, 저 오늘 윤성이랑 놀다가 집에 가는 길에 외래곤충을 봤어요. 중국 매미인데요, 목련시장 뒷골목에 있는 거 있죠. 정말 우리 주변에 외래종이 많이 있나 봐요. 그런데 자세히 보니까 안쪽 날개가 빨간 것이 너무 무서워서 못 죽였어요"(교사 일지. 2009.10.17.). 한번은, 지레 단원을 공부하는 주간이었는데 주말 밤 지윤이한테서 전화가 왔다. "선생님, 달 좀 보세요. 달이 낮게 뜨고 커요. 달 표면도 보이겠어요... 그런데 선생님, 가위는 지레가 맞아요. 이유는 월요일에 알려드릴께요"(교사 일지. 2009.12.05.). 집에서 해결한 문제의 답을 학교에 가져와서 자랑하기도 하였다.

    인수: 선생님, 이게 어제 공부했던 그린란드의 모습이래요. 어제 크기가 달랐던.... 얼음으로 덮혀있댔는데 이런 모양이래요.
    규현: 선생님, 지난 시간에 공부했던 3.14요. 그거 제가 알아냈어요! 그게 말이죠. 정말 희안하게 제가 풀었어요.(기쁜 얼굴로) 예! 보세요. (그림과 식이 가득 적힌 공책을 내밀며)

이게 말이죠 (설명을 시작한다) 이거랑 이거랑 같으니까요...
현정: 알래스카요. 그게 왜 가까운 러시아의 것도 아니고 캐나다 것도 아닌지 물어봤잖아요. 기문이가 알려줬는데요, 알래스카는 러시아가 미국한테 돈주고 팔았대요. 그 안에 석유가 뭔가가 묻혀있는지도 모르고 몇 달러에 팔았대요.
(교사 일지. 2010.11.04.)

수학 문제를 두고 벌어진 논쟁이 점심시간으로까지 연장되더니, 급기야 그날 저녁 자기들만의 자율적 숙제로 발전하였다. 늦은 밤 우엽이는 사진과 함께 "선생님, 제 말이 맞아요. 아래쪽은 둥근 게 확실해요."라는 문자를 보내왔다.

『전개도의 논란』 점심시간에 수익책을 매기고 있을 때 갑자기 어떤 한 논란에 휩싸였다. 무슨 전개도가 옳다는 것이다. 난 처음에는 옆면이 사다리꼴이라는 새봄이의 의견이 옳다고 생각했으나 실제로 해보니 옆면이 곡선 모양인 김희동의 의견이 옳다고 생각됐다. 그러더니 갑자기 각도에 대한 이야기도 나오고 무엇이 옳은 지 가리는 말이 많이 나왔다. 도대체 무슨 전개도가 옳은 것인가? 결국은 숙제로 만들어보자는 의견이 나왔다. 쉽지는 않을 것 같다. 수학의 길은 왜 이리 복잡한가!
(진영 일기. 2010.09.30.)

점심시간, 원뿔의 전개도를 놓고 갑자기 실랑이가 벌어졌다. 원뿔에서 호의 모양이 둥그냐 아니냐가 문제가 된 것이다. 대부분의 아이들이 삼각형일 것이라는 입장과 삼각형이 아니라 둥글다는 입장이 팽팽히 맞선다. 수업 시간이 끝나고 쉬는 시간 종이 울렸는데도 개의치 않는 모습이다. 교사가 나서서 그런 이야기는 나중에 하라며 마무리를 할라치니 시간이 좀 더 필요하단다. 아무래도 끝이 나지 않고 지리한 논쟁이 되겠다 싶어 정리하고 돌아섰다. 밤늦은 시각 자려는데 우엽이한테서 온 메시지 한 통. "선생님, 제 말이 맞아요. 아래쪽은 둥근 게 확실해요." 하며 사진을 찍어 보냈다. 다음 날 아침, 몇 몇 녀석들이 저마다 종이를 잘라서 들고 와서는 갑론을박이 한창이다. "야, 내 말이 맞다. 진짜 한 번 해볼래? 자, 봐라." (교사 일지. 2010.10.01.)

(3) 아이들의 탐구 태도는 또한 교과영역을 넘어 일상생활 곳곳으로 스며들었다. 꽃잎과 비, 교통카드의 충전원리, 물의 온도와 체감온도 등 일상생활에서 접하는 다양한 현상들에 대해 탐구 본색이 발동되고 있었다.

『궁금한 점』 오늘 가족과 함께 온천에 갔다. 거기서 31℃인 물 속에 들어갔다. 온 몸에 차가운 기운이 스며들어왔다. 그와 동시에 궁금한 점도 머리에 들어왔다. 여름에 31℃는 굉장히 더운데 물 31℃는 왜 이리도 차가울까? 과학 시간에 한 번 토의해볼 수 있으면 좋겠다. 무엇일지 참으로 궁금하다. (기문 일기. 2010.11.28.)

『도대체 어떻게?!』 오늘 교통카드를 충전했는데 어떤 기계에 교통카드를 올리더니 다 됐다고 해서 보니 뭐 됐는지 안됐는지 하나도 모르겠고 버스 단말기에 찍어보니 교통카드에 돈이 차있었다. 돈이 어떻게 이 작은 교통카드에 들어갈 수 있을까? 정말 진짜 도대체 어떻게 그럴 수 있을까 정말 궁금하다. 아이고 그걸 계속 생각하니까 머리가 지끈지끈 더 복잡해졌다. (정옥 일기. 2011.12.10.)

(4) 중학교에 가서도 포문학습은 계속된다. 이듬해 6학년 교실로 찾아와서, 혹은 문자메시지로, 6학년 때의 문제가 아직도 뇌리를 떠나지 않았음을 알려준다.

> 영섭(2010)이는 이듬해 중학교에 입학한 후 4월 경 6학년 교실을 찾아와서는 "편리한 도구" 단원에서 그 때 미처 알아내지 못한 움직도르래의 원리에 대해 이야기를 건넸다. "선생님, 그 때 탐구가 덜 끝나고 마쳐서 아쉬워요. 그런데 그 움직도르래는 이렇게 작동되는 게 아닐까요? [칠판에 그림을 그리며] 아무리 생각해봐도 이것 밖에 없는 것 같아요" 라며 당시의 문제에 대한 나름의 해결 방안을 꺼내놓았다. (교사 일지. 2011. 04.02.)

> 성호(2011)는 이듬해 중학교 입학한 후 3월 말경, 6학년 2학기에 공부했던 수학과의 "경우의 수와 확률"에서 63빌딩으로 올라갈 수 있는 경우의 수의 답을 메시지로 보내왔다. "선생님, 저 성호인데요 예전에 수학시간에 한 63빌딩을 63층까지 올라가는 경우의 수 있지요? 그 경우의 수 제가 구했는데 1844경 6744조 0737억 0955만 1615개 에요!" (성호 문자. 2012.05.14.)

포문학습에 대해 이런 의문을 제기하는 사람들도 있을 것이다. "한 해 그렇게 한들 무슨 지속적 효과를 기대할 수 있겠냐, 중학교 가면 오히려 학습 부적응을 초래할 수도 있을텐데...." 그러나 졸업생들의 얘기를 들어보면, 당도가 높은 과일을 한 번이라도 맛보게 되면 그것을 포기하기는 쉽지 않은 모양이다.

중학교에 입학을 하고 놀러온 녀석들은 이내 곧 예전에 공부하던 주제며 학교에서의 생활에 대해 이야기를 늘어놓기 시작한다. 운철이(2010)는 그 전해의 성만(2009)이가 농구를 하다가 크게 다쳤다는 이야기를 전하며 하는 말 "근데 정말 대단해요, 성만이 형." 한다. 왜냐는 물음에 "병원에서도 그 형 누워가지고 교과서 읽고 공부한대요. 중학교에서 완전 열심히 공부한대요. 지독해요, 아주." 한다. 계속해서 "저 요즈음에는 수영 안하고 역도해요. 얼마 전에는 중간고사 시험 쳤는데요, 그 중에서는 과학 70점 받았어요. 과학 성적이 제일 좋아요." (교사 일지. 2011.05.20.)

교실에 놀러온 아이들이 어느 새 칠판에 한두 마디씩 적기 시작하더니 이내 샤를의 법칙이며 보일의 법칙이 어떻다는 등 적기 시작한다. 예은(2011)이가 하는 말이 "저는요, 과학이 제일 쉬워요. 근데 왜 애들은 어렵다고 하는지 모르겠어요. 샤를의 법칙이란 말이에요 그러니까...." 혜진(2012)이가 사회 47점, 과학 65점을 받았다고 하자 곁에 있던 녀석들이 사뭇 놀라는 눈치다. 현희가 반농담조로 "공부를 포기한 혜진이한테는 정말 대단한 점수예요."하고 설명을 덧붙인다. 난이도가 많이 어려웠냐는 질문에 저 정도면 잘한 축에 속한단다. 그러자 완섭이가 "공부 좀 했나보지." 하고 놀리자 혜진이가 하는 말 "야, 사회랑 과학은 누구한테 배우거나 공부하는 게 아니라 스스로 생각하는 거지!"라고 한다. (교사 일지. 2013.04.01.)

6학년 때만 해도 크게 두각을 드러내지 않았던 아이들이 중학교에 진학한 후에는 성적의 상위권에 들어갔다느니 과학영재반을 지원했다느니 하는 소식들이 심심찮게 들려왔다. 1년 경험으로는 그 효과가 지속되기 어려울 것이라는 우려나, 6학년 때 미리 한 원리적 학습 때문에 오히려 중학교에서의 학습이 지루할 것이라는 우려와 달리, 아이들은 중학교에 가서도 다른 아이들보다 더 적극적이고 능동적인 탐구의 자세로 학습에 임하는 것으로 나타났다.

## 4. 집단 지성, 분산인지의 힘

포문학습은 처음부터 끝까지 함께하는 학습이다. 선생님과 아이들이 함께 의논하고, 아이들이 모둠별로 함께 의논하며, 모둠이 학급 전체를 대상으로 함께 의논하는 시간이다. 개별 지성이 아닌 공동 지성이, 배타적 인지가 아닌 분산인지가, 학습활동 전반을 통해 작동된다. 그 결과 문제가 보다 효율적으로 해결됨은 물론 그 기쁨도 배가(倍加)되었다. 앞에서도 지적한대로, 개인적으로 보면 기발한 생각이 예외적 현상일지 모르나 그 개인들이 모여 생각을 조합하면 창조적 문제해결이 예외가 아닌 일상이 되는 모양이다. 포문학습이 아이들에게 어려운 접근이라 우려하는 이들도 있지만 아이들은 어렵기 때문에 함께 해결할 때 그 짜릿함도 더 크다고 한다.

포문학습이 처음부터 끝까지 분산인지가 작동되는 시간이라는 점은 학습 영상을 보면 여실히 드러난다. 그러나 앞서 소개된 비례배분에 관한 아이들의 의논 모습이나, 원뿔 전개도에 관한 논란을 결국 그날 숙제로 확대시킨 아이들의 모습에서도 집단지성의 작동이 잘 드러난다.

포문학습은 "설득과 발표를 중심으로 하는 친선경기"이며, "친구들과 함께하는… 정말로 재미"있는 활동이고, 앞에서 인용한 완섭이의 일기에 나와있듯, "모둠 친구들과 의견을 섞어 좋은 결과를" 만드는 학습이다.

> 『과학 시간』 우리 6학년 3반은 과학 시간만 되면 시계는 갑자기 팽팽 돌아가고 우리의 머리도 불이 확 붙는다. 여기저기에서 과학에 대한 것들이 불타오르고, 똑똑한 자만이 살아남는 경기가 아닌 설득과 발표를 중심으로 한 친선경기이다. 내 생각이지만 과학 시간은 너무 짧고 한 달의 한 번은 과학의 날로 제정하여 실력을 대결해 봤으면 좋겠다. (호림 일기. 2011.06.23.)

> 『과학』 오늘 과학을 하였다. 나는 친구들과 함께하는 과학이 정말로 재미있었다. 친구들과 함께 하면서 많은 것을 알게 되었다. 사람은 언제나 자연과 더불어 살아가고 친구들과는 의지를 하면서 과학을 재미있게 하였다. 지구와 태양, 낮과 밤의 움직임을 아니까 재미있었다. (찬우 일기. 2011.05.25.)

포괄적 문제해결학습은 물론 지식습득보다 지적 성장에 초점이 있는 학습이다. 그렇지만 지식습득 면에서도 포문학습이 유리함을 아래 성호의 일기가 보여준다. 포문학습을 하였을 때는 토론을 거치면서 "머릿속에 핵심이 콕콕 들어왔지만," 일반 수업에서는 그냥 읽고 외우고 선생님도 아이들의 의견을 들어보지 않은 채 정답을 알려주시니 "머릿속에 잘 안 들어"온단다.

> 오늘 사회 요약한 것에 대해 줄줄이 발표를 할 때 이런 생각이 들었다. 예전에 모둠끼리 의견을 짜서 발표도 하여 머리 속에 핵심이 콕콕하고 들어왔지만 오늘 같이 그냥 한 번 읽고 외우고 한 번 더 의견을 들어보지도 않고 정답을 말씀하시니 머릿속에 잘 안 들어오네 하고 말이다. (성호 일기. 2012.05.30.)

찬반 토론의 상호작용을 통해 주장의 근거를 분명히 하는 과정에서 습득된 지식의 의미도 훨씬 분명해진 것으로 보인다. 그러나 포문학습은 지식습득보다 지적 성장을 중시하는 학습으로, 앞서 논의한 학습의 즐거움도 바로 이런 지적 탐구에서 오는 즐거움이다. 지적 성장은 주장의 근거를 확실히 하는 데서 시작되며, 협동적 탐구일 때 상승작용이 일어나고, 특정 교과나 학교 테두리 안에 국한되는 대신 다른 교과나 학교 밖으로 전이되는 특징을 지닌다.

## 사회 도덕적 발달

도덕을 덕목의 문제로 보든, 사고의 문제로 보든, 아니면 정(情)의 문제로 보든 그것을 '직접' 가르쳐야 한다는 생각은 쉽게 버리지 못하는 것 같다. 간접적 도덕교육에 비하면 직접적 도덕수업의 영향력은 미미하다는 100여 년 전 듀이의 주장에도 불구하고, 아직도 간접적 도덕교육의 중요성을 실감하는 이들은 많지 않아 보인다. 이 글을 쓰는 동안 도착했던, 한 저명 교육철학 학술지 최신호의 서두를 장식한 논문*도 예외는 아니었다. 이론의 여지가 없는 도덕적 표준에 관한 한, 훈계나 모범 등의 방법을 통해 그 표준이 아이들에게 '직접' 주입되어야 하고, 더불어 그 이유 혹은 근거도 '직접' 습득하게 해야 한다는 것이 그 내용이었다. 실은 듀이주의자라는 인지발달론자나 가치명료화주의자들조차 이런 직접적 도덕교육의 한계를 벗어나지 못하는 것으로 보인다.

그러나 도덕교육은 '도덕' 수업이 아니라 '도덕적' 학습이어야 한다는 듀이의 주장이 적어도 포문학습에서는 입증되었다. 듀이 말대로 도덕은 도덕 교과나 관련 단원을 통해 "직접" 가르쳐질 무엇이 아니라 모든 학습을 통해 "간접적으로" 습득되게 해야 할 무엇이었다. 어떤 교과의 학습이든 상대적 지위 획득을 위한 경쟁적 "단순 공부"가 아니라 공동의 문제해결을 위한 "건설적 공유"가 되면 도덕적 행위는 간접적으로 작동되었다.

바로 앞 음악시간에 아이들의 수업태도가 좋지 않았다는 전담교사의 말을 전해 듣고 담임인 필자가 "원칙없이 선생님에 따라 달리 행동해서 되겠냐."고 아이들을 꾸중한 날, 예은이는 일기에서 포문학습 시간과 여타의 수업 시간에 임하는 태도가 다른 이유를 다음과 같이 언급하고 있다. "그냥 감상해[고]... 듣고 발표하[고]... 필기하"는 일상 수업에서는 떠들고 장난칠 수밖에 없지만, 생각을 공유하는 재미있는 포문학습에서는 그럴 여지가 없단다. 사회도덕적 발달은 의미있는 지적 활동의 간접적 효과라고 이해할 수 있는 대목이 아닐까 싶다.

---

* Michael Hand(2014). Towards a theory of moral education. *Journal of Philosophy of Education, 48*(4). 519-532.

『나의 기준?』 내가 생각해도 내가 교과시간과 보통 담임선생님과의 수업시간에서 태도가 다른 것을 알고는 있었다. 교과시간에는 좀. 웃고 떠들고 장난도 많이 치는데 담임선생님과 하는 수업에는 교과시간처럼 떠들 수 없는 것 같다. 선생님은 늘 내 생각을 적고, 다른 아이들과 생각을 주고받으면서 문제에 대한 답을 찾아가도록 해서 쉼 없이 생각하며 공부하기 때문에 웃고 떠들기보다는 그냥 수업이 재미있었던 것 같다. 하지만 교과시간에는 그냥 감상하거나 듣고 발표하기, 그리고 필기하기 이런 것을 주로 하니까 남는 틈을 이용해서 친구들과 떠들며 놀기에… 교과시간에 떠들고 안 떠들고의 차이가 선생님이 무섭냐, 착한 선생님이냐의 차이가 아닌 것 같다. 앞으로는 한 발보다 두 발 앞서 생각해서 진짜 조용히 해야겠다. 떠드는 거 대신에 생각하는 걸로 바꿔야겠다. (예은 일기. 2011. 10.27.)

지적 탐구 자체가 의미있는 경우 그 의미의 확보에 도움이 되는 만큼 아이들은 의식하지 않는 가운데 규칙을 준수하였다. 이는 도덕적 덕목은 활동 공동체의 "내재적 가치"를 추구하려면 반드시 요청되는 요소라는 매킨타이어(A. McIntyre)의 주장을 뒷받침하는 부분이기도 하였다. 의식적으로 규칙을 준수해야 하는 경우에도 교사가 미리 규칙을 정해서 선언한 경우보다 아이들 스스로 장시간의 토론을 통해 정한 경우 자발적으로 따랐고, 어겼을 때 부과되는 벌칙에 대해서도 이의가 없었다. 규칙의 준수가 외적 강제가 아닌 내적 필요에 따른 자율의 문제로 전환되었기 때문이 아닌가 싶다.

## 1. 새로운 아이

　대화 중심의 포문학습은 아이들의 지적 성장에서뿐 아니라 사회 도덕적 발달에서도 기여하는 바가 컸다. 앞에서도 말한대로 그것은, 지적 성장과 더불어, 내재적 삶에 뒤따르는 간접적 효과로 보였다. 물론 연말이 가까워도 모둠별 토론에서 다른 아이들과 보조를 맞추지 못하는 아이들이나 자존감을 회복하지 못하는 아이들이 여전히 있었다. 그렇지만 전반적으로는 포문학습의 진척과 더불어 아이들이 서서히 상생 쪽으로 변화하기 시작했다.

　(1) 모둠별 협동학습이 아이들의 사회 도덕성 발달에 미치는 효과는 두 갈래로 나타났다. 하나는 우쭐대던 아이들이 겸손해지기 시작했고, 다른 하나는 자신을 드러내지 않던 소극적인 아이들이 보다 적극적으로 변해가는 것이었다. 물론 처음에는 정답 의견임에도 성적이 낮은 아이가 제시한 것이라 무시되기도 하고, 오답인데도 성적이 좋은 아이가 제안한 것이라 모둠의 대표의견으로 채택되기도 하였다. 그러나 시간이 지나면서 점차 아이디어를 낸 사람이 아니라 아이디어 자체가 평가의 대상이 되어갔다. 그 결과 소위 '공부 잘하는 아이'와 '공부 못하는 아이'가 모두 변화되기 시작했다. "공부를 못해도 좋은 아이디어를 낼 수 있구나."하는 자각이 공부 잘하는 아이들에게는 겸손의 계기를, 그리고 못하는 아이들에게는 자존의 기회를 마련해주는 것으로 보였다. 아래 일기에는 공부는 잘하지만 고집이 세고 모둠별 토론을 독점하던 아이가, 대화를 거듭하면서 남을 배려하는 쪽으로 변화하는 모습이 나타나 있다.

『새로운 아이』 나는 순간 깜짝 놀랐다. 모둠 의견을 발표할 때 명준이 혼자 답하지 않고 "너가 해"라는 말에 깜짝 놀랐다. 과학시간에 협동이 우리 모둠에 통했기 때문이다. 비록 내가 싫어하는 별명을 불러 명준이와 다툼이 일어나기는 했지만 그 아이에게 배려심이 있다는 것을 내가 몰라봤던 것이다. 나는 명준이의 새로운 얼굴을 보았다. (희선 일기. 2012.06.13.)

아래 대화는 선생님들조차 얕보았다던 성희가 6학년이 되어서 변한 모습에 5학년 때 선생님이 놀라워하시는 상황이다. "정말 똑똑하고 열심히 해서 나무랄 것이 없는데, 너무 당돌하고 집요해서 정이 가지 않는다."는 평을 받는 아이였다.

선생님, 성희요, 좀 많이 달라졌대요! 원래는 선생님 보기를 우습게 알고 겸손이라고는 도통 없이 안하무인이었는데 얼마 전에 지나가면서 인사를 하는데 예전과는 정말 많이 달라졌더라구요. 공손한 태도며.... (교사 일지. 2011.08.12.)

성희는 지금껏 필자가 지도한 아이들 중에서 포문학습에 가장 호응이 큰 아이였다. 성희는 이제 선생님에게만 예의를 차리기 시작한 것이 아니라 급우들도 인정하기 시작했다.

"선생님, 정선이는 천재인가봐요." 왜 그러냐는 질문에 성희는 혀를 내두르며 감탄해 마지않는다. 반에서 20등 안팎의 정선이는 1등을 놓치지 않는 성희의 칭찬에 얼굴이 빨개진다. "정선이가 맞췄어요. 정말 대단해요. 어떻게 저런 생각을 할 수 있었을까요?" (교사 일지. 2011.05.18.)

어느 날 방과 후 집에는 가지 않고 주위에서 머뭇거리던 호준이에게 "할 말이 있으면 하라."고 하자, "저... 제가 5학년 때는 쩝... 남들보다 우월하다고 생각했어요. 선행[학습]을 많이 해서요. 그런데 오늘 윤동이가 말하는 분배 법칙을 보면서 '아, 저렇게 쓰는 거구나!' 라는 생각을 했어요. 그래서 제가 결코 잘나지 않았다는 것을 알게 되었어요."라고 한다. 평소 또래 친구들에게 거드름을 부리거나 다른 친구의 허점에 대해 꼬집기를 잘하던 호준이가 달라지기 시작한 것이다(교사일지. 2012.11.23.). 그 날 본인의 일기에도 같은 반성이 등장한다.

> 『착각』 난 5학년때까지 높은 성적과 대회 수상경력, 영재 학급 등으로 누구보다 우월한 그런 아이인줄로만 알았다. 그러나 오늘 수학시간, 선생님이 내주신 문제에 사용한 이윤동의 분배법칙이 내 마음을 찔렀다. 사실 그 분배법칙은 내가 5학년 때 배우기는 했다. 그러나 난 그 문제에 분배법칙을 사용할 생각은 못하고 헤맸기 때문에 그런 마음이 들었다. (호준 일기. 2012.11.23.)

(2) 포문학습에 함께 참여하다보면 우쭐하던 아이들만 변하는 것이 아니다. 소극적인 아이들도 서서히 자기 모습을 드러내며 자존감을 찾아간다. 앞서 인용한 일기 "...예전에는 과학시간에도 따로 유식하게 말하는 아이들이 있었다. 그래서 그 아이들만 계속 발표를 했는데 이번 시간에는 나도 발표하고, 나도 궁금하고, 나도 들어보고 하는 것이 신기롭고 재미있었다."(자영 일기. 2010. 10.28.)에서도 그런 예를 찾아볼 수 있다. '구르는 재주를 가진 굼

뻥이'로 지칭되었던 호준이도 같은 경우에 해당된다. 5학년 때까지 열등감이 심한 부진학생이었던 호준이는, 어머니의 말처럼 친구들 앞에서 자기 의견을 이야기하는 일이 극히 드물었고 늘 친구들 틈바구니에 숨어서 잘 드러나려고 하지 않는 아이였다. 그러던 호준이가 지적으로 인정받기 시작하면서 사회적 존재감과 자존감에서 변화를 보이기 시작했다.

> 『발전』 1학기부터 현재까지를 생각해보면 많은 발전이 있다. 문제가 생겨도 해결하여 발전하고, 잘못된 것은 고치려고 하고 그러면서 발전을 하는 것이다. 하지만 여전히 문제점은 많다. 이 문제점도 이겨내면 발전하는 것이다. 아직 발전을 완전히 할 수도 없고 발전을 끝낼 수도 없다. 발전은 한 없이 가능하고, 완전히 완벽할 수 없으니까...(호준 일기. 2012.11.13.)

철학자 테일러(C. Taylor) 등이 "인정의 정치학"이란 말을 유행시키기도 했지만, 공동 활동에 대한 기여에서 오는 자기 인정이야말로 달팽이를 숨어있던 집으로부터 나오게 하는 동인이 아닌가 싶다. 상당히 성실하였지만 비교적 소극적이었던 민지도 아래에서 보듯 점차 자존감을 회복해가고 있었다.

> 『어제보다』 과학시간이 들어있지 않은 오늘이지만 어제보다 더 신기한 수수께끼를 풀었고 엄청난 시간을 가진 오늘이었다. 나는 아직도 그때의 감격을 잊을 수 없는데... 지금 다시 생각해보아도 놀랍고 신기하다. 아마도 나의 그 기분을 아는 친구들은 적지 않을까 싶다. 과학 수수께끼를 곰곰이 생각한 후 내 생각을 말해 모둠원에게 인정받아 내 의견에 친구들의 보충

> 의견을 더한 뒤 반 친구들 앞에서 발표한다는게... 게다가 우리 조의 의견이 그 수수께끼의 정답이라니... 저절로 내게 박수를 쳤다. 이 얼마나 대단한 일인가. 나는 언젠가 우리 반 모두가 나의 기분을 느낄 수 있을거라 믿는다. 우리 반은 최강이니까!
> (민지 일기. 2011.06.23.)

누가 정답을 더 많이 아는가 하는 지식의 축적이 문제되는 대신 공동의 문제를 어떻게 해결할 것인가 하는 지적 기여가 문제될 때—이같이 영광을 독점하는 대신 문제해결의 기쁨을 공유할 수 있을 때—잘하는 아이들과 못하는 아이들 사이에 진정한 민주적 관계가 성립한다고 할 수 있다. 이 때 의사소통이 자유로울 뿐 아니라 특히 평등한 관계가 성립한다. 문제의 해결은 축적된 지식의 양이라기보다 그 요소들 간에 성립하는 '새로운 관계'의 파악에서 시작되기 때문이다. 그리고 이런 새로운 관계의 파악 혹은 창조적 사고가 문제되면, 공부 잘하는 아이와 그렇지 못한 아이가 사실 비슷한 출발선상에 서게 되기 때문이다. 사고가, 특히 공유되는 사고가, 민주주의의 핵이다.

## 2. 우리는 하나

개인적으로 겸손을 배우거나 자존감을 회복하는 차원을 넘어, 학급 전체가 하나의 공동체 혹은 '상생체'로 변해가는 모습도 목격되었다. 한번은 학급소란을 두고 회장, 부회장 및 해당 일인일역 담당자에게 책임을 소홀히 한데 대해 벌을 세운 적이 있었다. 곧 한두 아이가 동참하기 시작하더니 급기야 학급 전체 아이들이 자진해서 팔을 들고 벌을 섰다. 이 사건을 두고 아이들이 쓴 일기이다. 아래 일기는 문책 대상이 되었던 셋 중의 한 명인 영태의 일기다.

> 『부정 속 긍정』 아침, 나는 당번 일을 허술하게 했다. 그 결과 아침 자습시간인데도 애들이 떠들어서 결국 나와 부회장, 회장이 벌을 섰다. 그런데 잠시 후 우리 반 아이들이 차츰 한 명씩 손을 들었다. 선생님이 시켜서 한 것도 아니다. 서로 자신의 잘못을 깨닫고 자신의 잘못을 뉘우치기 위해서 든 것이다. 나도 처음에는 어안이 벙벙했다. 하지만 나중에는 서로서로 자기에게 있는 벌을 반성하려고 하는 것이다. 이제는 나도 단점을 빨리 고치지는 못하겠지만 단시일 내에 고치는 것을 목표로 할 것이다. 내 자신을 알고 교실을 보자. (영태 일기. 2011.10.27.)

모두가 동참하는 상황을 지켜보던 성호는 급우들은 "개인이 아니라 하나"라고 한다.

> 『한 명의 모습이 모두의 모습으로』 자습시간, 우리는 조용히 책을 읽어야 한다. 하지만 선생님이 오셔도 계속 떠들었다. 그리하여 영태, 회장, 부회장들이 손을 들고 앞에 서 있었다. 처음에는 그냥 찝찝하다가 잠시 후 생각해보니 영태, 회장, 부회장이 손을 들고 서 있는 이유가 우리가 조용히 하지 않고 떠들고 말을 듣지 않아서 벌을 서는 것 같았다. 가만히 생각해보니 나 역시 이 일에 포함되는 것 같았다. 오늘은 아니지만 평소에 나 역시 매우 자주 떠들고, 쉬는 시간에는 놀기 때문이다. 이 잘못은 평소의 내 모습이 아닌가하는 생각에 오늘 떠든 사

람만이 벌을 받는 것은 아니라는 생각이 들었기 때문이다. 이 문제가 우리 모두의 문제가 될 수도 있기 때문이다. 나는 생각한다. 우리는 학교에선 각자가 개인이 아니라 하나라고. 앞으로 나는 도우미가 말하는 것은 듣고 나서 그 다음에 내가 어떻게 하면 좋겠다 등의 의견을 제시하겠다. 한 명의 모습이 모두의 모습으로 될 수 있다. (성호 일기. 2011.10.27.)

학교의 전반적인 분위기나 연초의 학급 분위기를 생각하면 놀라운 변화 중의 하나이었다. 이 학교는 대구지역에서 소위 교육열이 과열된 지역에 위치해 있다. "함께 가라."는 부모는 찾아보기 어렵고 "앞서 가라."는 학부모들이 대부분인 학교이다. 방과 후 부진 급우의 학습을 도와주는 자기 아이에게 전화를 걸어 "학원은 가지 않고 쓸데없는 일에 시간 낭비한다."고 질책하는 부모가 상당수인 학교, 교실에서 도움을 요청하면 "제가 왜요?"라는 반응을 보이는 아이들이 전형인 그런 학교 말이다. 배타주의에 가까운 개인주의가 일종의 문화가 되어있는 사회에서 이런 연대의식이 발동된다는 것은 주목할만한 변화가 아닌가 싶다.

우리의 모둠별 학습, 협동학습이 "앞서 가라."는 학부모가 판치는 세상에서 "함께 가라."는 부모가 되고 있는지도 모른다.

『달리기』 오늘 찬민이, 현일이, 영남이, 종규와 달리기를 했다. 상쾌한 바람을 만끽하며 뛰고 나니까 갑자기 떠오른 것이 있었다. "우리는 지금 달리고 있다. 이제 1바퀴의 완주를 앞둔 채 달리고 있다. 그 중 한 명인 윤기는 발을 헛디뎌 넘어졌다. 우리는 그냥 지나쳐 달리지 않고 잠시 멈추어서 손을 내밀고 일으켜 세워주었는데 포기하려고 해도 용기를 주어야 할 것이

> 다. 이기는 것은 중요하지 않다. 단지 누구와 함께 했는지가 중요하다." (성희 일기. 2011.12.13.)

졸업을 한 달여 앞둔 상황을 성희는 완주까지 한 바퀴가 남은 경주 상황에 비유하고 있다. 한 바퀴를 앞두고 주저앉으려는 윤기(아래에 나오는 "마지막 기회"라는 일기를 쓴 아이.)를 끝까지 함께 데리고 가려는 일종의 동지애가 잘 나타나는 장면이다. 사실 아이들의 협동적 관계가 너무 긴밀한 나머지 교사가 끼어들 틈이 없어 보일 때도 있었다. 체육시간 운동장에서 있었던 일이다.

> 교사의 목소리가 아이들의 목소리에 덮이거나 묻히는 느낌이었다. 선생님도 서른 두 명 중 그저 한 명에 불과하다는 기분이었다. 교사의 존재감마저 없는 듯한 느낌이다. (교사 일지. 2010.10.29.)

## 3. 누구긴 누구고, 우리 반 아~지!

포문학습이 사회 도덕적 발달에 기여한다는 점은 특히 학교 부적응아들의 변화에서 크게 두드러져 보였다. 정대는 원래 힘이 세고 친구들을 잘 부리는, 소위 학교짱이었다. 정대의 눈짓이나 손짓 하나에도 아이들은 두려워하며 시키는 대로 하기 일쑤였다. 실과 시간에 몇 안되는 재봉틀 중 하나를 자기가 독점하고, 늘 친구를 시켜 가방이나 책상을 정리하게 하고, 맛있는 반찬은 제일 먼저, 많이 먹는 것이 일상인 친구 말이다. 힘이 약한 친구를 때리는 것이 잘못되지 않았느냐는 말에, 맞는 아이가 문제라며 응수하던 정대. 학년 초 아이들은 그런 정대와 같은 반이 된 것을 알고 웅성거렸고, 부모님도 자기 아이가 정대와 짝이 되지 않기를 바랐다.

그런 정대가 포문학습을 경험하면서 변하기 시작했다. 성적이 좋은 편은 아니었지만 지적 능력은 평균 이상이라, 정답을 크게 중시하지 않는 토론학습에 비교적 활발히 참여하는 편이었다. 자기가 내어놓은 의견에 대해 아이들의 질문 세례를 받고 방어하는 과정을 통해 점차 친구들의 말을 두려워할 줄 알게 되었다. 논리적 모순을 지적을 받기도 하고 답을 구하기 위해 그들에게 물어보기도 하면서 아이들과 보다 평등한 관계로 들어갔다.

한번은 연말에 가까워 다른 반으로 심부름할 일이 생겼는데 정대가 자기 심부름을 우석이에게 미루었다. 그러자 우석이는 가위바위보로 정하자고 했고, 거기서 진 정대는 결국 가장 몸이 약한 영모에게 묘한 뉘앙스의 부탁을 했지만 거절당했다. 그러자 이번에는 1학기에 늘 가방 심부름을 해주었던 희철이에게 부탁했지만 역시 거절당했다. "니 내 누군지 모르나?"며 슬쩍 어깨를 밀어보지만 돌아오는 대답은 놀랍게도 "누구긴 누구고, 우리 반 아~지!"이다. 정대가 가까이만 있어도 주눅들어하던 아이가 보인 반응으로는 놀라운 반응이었다. 결국 겸연쩍은 미소로 자신이 심부름을 하게 되었다(교사 일지 2009.11.20.). 이 사건이 아이들에게는 인상적이었던지, 연말 학예회의 창작연극 대본에도 이 대목이 등장하였다.

정대가 완벽하지는 않았지만 학급생활에 어느 정도 적응할 수 있었던 것은, 포문학습을 통해 학생의 일상인 학습활동에 다시 '의미있는 참여'를 할 수 있었기 때문이 아니었나 싶다. 학교 부적응아들은 교실 밖에서 문제행동을 통해 나름대로의 삶의 의미를 찾을 수밖에 없는데, 교실 안에서 그 의미를 회복하게 되면서 점차 학교 밖에서의 문제행동을 멀리하게 되었던 것으로 보인다. 나아가 학습활동에 의미있게 참여한다는 것은 곧 문제상황이 이전과는 달리 '논리'에 의해 평정된다는 것을 의미하였고, 따라서 이들의 다른 아이들과의 사회관계가 더 이상 신체적인 힘, 즉 '완력'에 의존하지 않는다는 것을 의미하였다. 논리에서 지게 되면 힘으로 밀어붙여도 더 이상 통하지 않는 법이다. 학교짱인 정대가 "니내 누군지 모르나?"라고 위협했을 때, 아이가 더 이상 예전 같이 위축되는 법이 없이 "누긴 누구고, 우리 반 아~지!"라고 맞받아칠 수 있었던 것도 사회관계가 이제는 힘이 아니라 논리에 의존한다는 것을 보여주는 예이다. 물론 부적응 행동의 사회심리적 원인을 이해하여 대처하고, 때로는 잘못에 대해 제재를 가한 까닭도 있겠지만, 부적응아들이 적응 쪽으로 방향을 바꿀 수 있었던 가장 큰 계기는 아무래도 학습활동 안에서 잃었던 의미를 회복할 수 있었기 때문이 아니었나 싶다.

이런 점에서 보면, 당시에는 떠들썩했지만 이미 기억에서 아득해지고 있는 연전의 학교폭력에 대한 대중적(對症的) 처방들, 이를테면 부담임제 도입, 상담절차의 명문화, CCTV 설치 등의 대책들은, 처음부터 성공이 희박한 대책이었는지도 모른다. 일상적 학습활동의 개인적 의미 문제는 그대로 덮어둔 채, 그 외양만 덧칠해서는 근본적인 문제해결을 기대할 수 없을 것이기 때문이다.

몇 년 후의 정옥이도 학교의 '여짱'이었다. 억지주장, 자기합리화, 분노표출 등이 심한 아이였지만 포문학습과 더불어 서서히 변하기 시작했다. 문제행동을 지적받을 때는 저항도 하였지만, 그 저변에는 후회하는 마음도 없지 않았던 모양이다.

> 『나의 행동』 내 생각에는 나의 행동이 올바를 때도 있고 올바르지 않을 때도 있다. 나는 요즘 들어 친구들이랑 많이 싸우는데 이 행동은 올바르지 않다. 싸우는 이유도 내 행동 때문인 것 같다. 싸우다 화해할 때는 내 행동이 발라진다. 난 항상 행동이 바르고 싶은데... 나의 행동은 상황에 따라 발라지고 올바르지 않게 된다. 나의 행동이 항상 올바르면 좋겠다. (정옥 일기. 2011.10.02.)

다른 아이들을 때리고 위협하는 정옥이었지만, 따돌림 당하는 짝꿍을 이해하려 하는 모습에서부터 점차 다른 아이들을 대하는 태도에서 변화를 보였다.

> 『겉보기』 오늘 선생님께서 호림이를 도와주라고 하셔서 도와주는데 호림이가 갑자기 "나 너무 힘들어 죽겠어 정말"이라고 하기에 왜냐고 물었다. 호림이가 갑자기 울면서 "난 친구들과 어울리고 싶은데 친구들이 계속 놀리고 때리고 그래서 계속 화를 내는 거야"라고 울며 말했다. 그래서 아, 사람은 누구나 장점도 있고 단점도 있으니 호림이를 때리거나 놀리지 않아야겠다. 그리고 호림이와 이야기를 해보니 정말 내가 들어도 너무 분한 별명이었다. 호림이에게 찐짜 버거, 장애인, 돌+I 등 등 수많은 나쁜 별명을 가지고 있고 또 운동장에서 호림이 혼자만 있으면 자꾸 후배들이 와서 자기에게 욕하거나 때린다고 했다. 그리고 운동장에서 호림이와 얘기를 해보니 호림이는 나쁜 아이도 아니고 또 못된 아이가 아니란 걸 알았다. 호림이는

> 겉으로 센 척 하지만 속은 여리다. 친구들이 호림이의 겉모습만 보고 판단하지 않았으면 좋겠다. 또 친구들이 호림이의 마음을 이해해주고 겉으로 센 척하는 호림이 모습을 이해해주면 좋겠다. 즉 나무를 보지 말고 숲을 봐 달라는 뜻이다. (정옥 일기. 2011.04.11.)

정옥이의 이런 변화도 적어도 부분적으로는 일상적 학습활동에 의미있는 참여가 가능했기 때문이 아니었나 싶다. 앞서 '지적성장' 절에서 인용되었던 만성적 학습 무력증의 윤기도, 비록 진보와 퇴보를 오가는 면이 없잖았지만, 포문학습을 통해 어떻게 자기 자신을 다잡으려 애쓰는지 아래 일기에 잘 드러난다.

> 『마지막 기회』 마지막 기회이다. 2학기 중간부터 생활이 개판 오분 전에다 막장으로 인생을 살아서 개판이 된 것 같다. 마지막 기회이니 나도 최선을 다해야되겠고 선생님도 끝까지 날 포기 안하셨으니까 나도 내 자신을 포기하면 안되겠고 나도 나의 한계를 뛰어넘어야 될 것이며 친구들이 도와주는데 나도 더 열심히 해야되겠다. (윤기 일기. 2011.12.13.)

할머니와 단둘이 살고 있는 윤기는 사실상 방치되다시피 하는 아이로, 밤새 게임을 하다가 학교에 와서는 무기력한 일상을 계속 반복해온 아이였다. 스스로도 "될 대로 되라는 식으로 인생을 포기했었다."고 한 아이였다. 오랫동안 형성된 가정적 생활태도가 하루아침에 바뀔 수는 없었지만, 그래서 이전 상태로 역행도 자주 하였지만, 학습에 참여하는 즐거움을 통해 조금씩이나마 학교생활에서 생기를 찾아가기 시작하였다.

지난 5, 6년 남짓 포괄적 문제해결학습을 지도해본 결과 연구를 시작하면서 했던 예상들이 대체로 빗나가지 않았음을 알 수 있었다. 학습이 아이들에게 단순히 공부가 아니라 의미있는 자기 삶이 되자 단순히 지식축적이 아닌 지적 성장이 일어났으며, 경쟁하고 갈등하는 관계보다 협동하고 상생하는 사회관계가 점점 무르익어 갔다. 매년 연말에는 "이 아이들을 한두 해라도 더 지도할 수 있었으면..."하는 이룰 수 없는 소망을 가지게 되는데, 금년은 특히 더 그런 것 같다.

부록

# 제도적 시사

지금까지 보았듯 한 교사에 의한 일 년 간의 개인적 노력으로도 포문학습은 상당한 효과를 거둘 수 있다. 그러나 보다 확고하고 확산적인 효과를 위해서는 포문학습이 여러 해 동안 지속될 필요가 있고, 그런 계속적 지도를 위해서라도 교사 개인이 아닌 단위 학교 전체가 포문학습을 실천할 필요가 있다.

## 1. 계속 담임제

앞에서도 언급했지만, 연말이 되어 필자들은 아이들을 한 해밖에 지도할 수 없다는 사실을 늘 안타까워하곤 했다. 계속해서 한두 해라도 더 지도할 수 있으면 대부분의 아이들을 본 궤도에 올릴 수 있을 것 같은 생각을 떨쳐버리기 어려웠다. 학부모들 중에도 졸업을 앞둔 상황에서 아이를 계속 맡아주었으면 하는 소망을 표하는 분들도 있었다.

1년 담임제의 문제에는 매년 새로운 아이들을 파악하느라 시간을 허비해야 한다는 문제만 있는 것은 아니다. 보다 근본적인 문제는 내재적 탐구 혹은 삶의 태도는 한두 해 안에 자기화 되기 쉽지 않다는 데 있다. 물론 교사나 아이들이나 같은 사람과 6년을 지내면 너무 지루할 것이라는 우려도 있을 수 있고, 서로 맞지 않는 상대를 만나 1년이 아닌 6년을 견뎌야 할 가능성도 없지 않다. 그러나 아이를 바로 이해하여 "교과가 아닌 아이를 가르치는 교육"이 되기 위해서는 교사와 아이들 사이에 지속적인 상호작용이 필요하고, 따라서 6년 담임제 혹은 최소한 2~3년 담임제를 제도화할 필요가 있을 것이다. 더구나 교사가 '수업'을 하는 대신 '학습'을 도와주는 위치에 서면, 그리고 매번 새로운 주제를 함께 탐구하는 학습지도가 되면, 교사나 아이나 여러 해를 함께 하더라도 지루해 할 경우는 크게 없을 것이다. (게다가 인턴교사제를 도입하면 새로운 요소가 전혀 없는 것도 아니다.) 여기서 독일계 초등학교에서는 담임교사가 한 번 맡은 아이들을 졸업 때까지 계속 지도하고, 특히 덴마크에서는 9년 동안 같은 아이들을 지도한다는 사실을 되새겨볼 필요가 있을 것이다.

## 2. 경영위임 포문학교

계속 담임제의 실현을 위해서라도 단순히 교사 개인 차원이 아니라 학교 전체 차원에서 포문 교육철학을 실천할 필요가 있다. 이런 포문학교가 성공하려면 교사들은 물론 학부모들도 포문교육철학을 이해하고 적극적으로 지지할 수 있어야 한다. 따라서 교사선발, 학생선발, 교육과정운영, 예산집행, 인사조직 등의 제반 문제는 상부기관의 간섭을 벗어나 학교가 자율적으로 결정할 수 있어야 한다. 예컨대 교사는 연한의 제한 없이 계속 근무할 수 있게 하고, 교장은 교사 중에서 선발하며, 교감은 따로 두지 않을 수도 있어야 한다.

가령 정부나 교육청이 '자유경제구역'에 준하는 '자유학교' 제도를 도입하여, 기존의 제도를 근간으로 하면서도 포문학교와 같은 새로운 학교를 실험할 수 있는 길을 열어줄 수 있어야 한다. 여기서 영국의 "자유학교"(free school)나 미국의 "특성화학교"(magnet school) 및 "경영위임학교"(charter school)를 참조할 수 있을 것이다. 교사 단체, 교사-학부모 단체, 혹은 대학기관의 신청을 받아 교육청이나 교육부가 경영위임 포문학교를 인가해줄 수 있을 것이다. 폐교의 위기에 처한 학교를 경영위임 특성화학교로 전환하면 추가 예산의 확보 없이도 시행이 가능할 것이다. 물론 해당 교육청이나 교육부는 학교를 몇 년마다 실사하여 지원의 계속여부를 결정할 수 있다.

## 3. 독립 포문학교

포문교육을 보다 근본적이고 지속적으로 실천하기 위해서는 독립 포문학교를 설립하여 교사나 학교가 학습지도에만 전념하게 해야 함은 물론, 대학병원에서처럼 교사가 동시에 그것을 연구하게 해야 할 것이다. 자기연구 혹은 "당사자 연구"(action research)를 실천하는 교사들이 진정한 의미의 교사교육도 담당할 수 있을 것이다.

'작은 학교'를 지향하면 좁은 공간에서도 도시형 독립 포문학교의 설립이 가능하다. 학생선발을 격년으로 하여 초급 2년, 중급

2년, 상급 2년의 세 학년을 둔다. 학년별 정원을 20명 정도로 하면 전교생이 60명 정도 되는 작은 학교의 설립이 가능하다. 이 경우 전임교원은 수석교사 1명, 담임교사 3명, 행정교사 1명 등 최소 5명으로도 가능할 것이다. 운동장 시설 등은 인근 공설운동장이나 공립학교의 운동장을 활용할 수 있을 것이다.

독립 포문학교가 사학이지만 공립학교 이상으로 상생을 위한 '공교육'을 실천하는 현장이므로 공립학교 교사의 파견근무도 가능해야 하고, 필요하다면 세금이라는 정부의 '공적' 자금을 지원받을 수도 있어야 할 것이다. 사립학교에 대한 국가지원의 한 형태로 덴마크처럼 바우처제도를 채택할 수도 있을 것이다.

**교육과정**

포문학교의 교육과정은 (1)건강활동, (2)교과활동 및 (3)성장활동으로 구성하고, 방학 동안 사회/정서교육의 일환으로 (4)자립캠프를 운영한다. 포문교육에서는 건강이 모든 성장의 바탕이 되므로 체육이 제 1의 교육활동이 된다. 다음으로 자연 및 인간에 대한 탐구와 그 표현/감상활동이 중요한 교육활동이 된다. 이런 교과활동에는 상생을 위한 자치 시간도 포함된다. 셋째, 연극공연이나 에세이 발간과 같이 보다 장기적, 주도적, 협동적 계획과 실천이 요구되는 '성장활동'이 교육활동의 주요 부분을 차지한다. 마지막으로 방학 중 야영 체험을 통해 사회 정서적 발달의 심화 기회를 제공한다.

(1) 건강활동

    가. 신체적 발달은 물론, 지적 정서적 발달의 기초가 될 건

강증진 활동. 체육이 여기에 포함된다.
(2) 교과활동
　가. 탐구활동: 자연현상과 인간세계에 대한 탐구활동. 과학과, 사회과 등이 여기에 포함된다.
　나. 표현활동 I: 탐구결과의 언어 및 수리적 표현/감상 활동. 국어, 외국어, 수학 등이 여기에 포함된다.
　다. 표현활동 II: 감각적, 실제적 표현/감상 활동. 음악, 미술, 공예(실과) 등이 여기에 포함된다.
　라. 자치활동: 개인적, 사회적 삶을 함께 반성하고 계획하는 시간. 도덕, 일기, 학급회의 시간 등이 여기에 포함된다.
　마. 현장체험활동(수시): 연극, 박물관, 미술관, 연주회, 유적지 관람이나, 수영장, 빙상장, 스키장 체험 등 교과활동을 보완하기 위한 현장방문 활동이 포함된다.
(3) 성장활동
　가. 학습축제주간: 탐구활동과 표현활동을 망라하는 학습활동의 결과를 발표하고 전시하는 축제 주간. 학부모와 선생님이 아이들의 성장을 논의하는 기회도 된다.
　나. 에세이 발간: 연말에 인문적, 문학적 성장의 결과를 묶어내기 위한 장기 활동. 자기 성찰의 기회가 된다.
　다. 단체경기: 학급 간 혹은 학교 간 리그/토너먼트 경기 정례화. 건강과 협동적 태도의 신장을 위한 기회가 된다.
　라. 학교농장 활동: 전원형 학교에 해당되는 활동. 교과활동을 보완할 수 있음은 물론, 먹거리의 소중함을 노동을 통해 체험할 수 있다.

(4) 사회/정서교육 활동
　　가. 자립 캠프: 방학 중 산간 혹은 임해 체험활동. 협동심, 자립심, 도전성 등을 강화할 수 있는 기회가 된다.

오전 시간대에는 주로 담임교사와 함께하는 과학, 사회, 국어, 수학을 블록학습으로 배정하고, 오후에는 체육, 음악, 미술 등 신체적, 정서적 발달을 위한 시간을 배정한다. 매주 수요일은 교과활동 없이 현장체험을 가거나 사안별 성장활동 시간으로 쓰고, 교사들은 협의회나 세미나 시간으로 활용할 수 있을 것이다.

**교원 구성**

교원은 학습지도를 전담하는 교육직을 중심에 두고, 그 지원을 사명으로 하는 행정직을 두어 학습지도 외 제반업무를 전담하게 한다. 학교운영과 관련된 제반 사항은 교직원회의에서 결정한다.

(1) 학습지도
　　가. 수석교사: 교사들의 학습지도를 참관 및 코칭하고, 수요일 교사세미나를 주관한다. 대학원 교사교육의 주무자. 결근 교사를 대체한다.
　　나. 담임교사: 과학(4시간), 사회(4), 국어(4), 수학(4), 자치(2)를 담당한다. 같은 아이들을 6년간 지도한다. 시작 단계에서는 2년간 (초급반 2년, 중급반 2년, 혹은 상급반 2년) 지도할 수도 있다.
　　다. 교과교사: 체육(4), 음악(2), 미술(2), 공예(2), 영어(3)를 각각 지도한다.

라. 보조교사: 인턴교사(대학원생)가 담임교사나 교과교사의 학습지도를 보조한다.

마. 사서: 도서관을 관리하고 언어교육을 보조한다.

(2) 행정지원

가. 교장: 행정교사가 겸임하거나 교사들 중에서 선출한다. 학사 제반을 지휘하고, 결근 교사를 대체한다.

나. 행정교사: 교무보조와 회계보조의 도움을 받아 학교의 행정업무 일체를 전담한다. 6학년을 마치는 교사 중에서 맡는다. 교장을 겸임할 수 있다.

다. 교무보조와 회계보조: 행정교사를 보조한다.

라. 지원직: 영양사, 간호사, 운전기사, 시설기사, 청소원, 경비원 등을 둔다.

**부모 교육**

아이들의 교육에 부모들의 동참이 결정적이라는 점을 감안하여, 학년 초에 전체 학부모를 대상으로 학교의 교육철학과 경영 전반에 관한 설명회를 갖고 협조를 구한다. 학부모와 담임교사는 그 후 필요한 경우 수시 면담제를 통해 최상의 아이 지도를 위한 협응체제를 구축한다. 또 부모들은 연말 학예회에 참석하여 아이들의 성장을 점검하고, 차후 지도에 대해 담임교사와 협의한다. 담임교사와 학부모 사이에 이런 협응관계가 6년 동안 지속되면 부적응아의 발생은 극소화될 것이고, 중학교에 가서도 학교환경에 적극적으로 대처하는 아이가 길러질 수 있을 것이다.

140 /포문학습

## 도시형 캠퍼스의 예

<F1>

| 식당 | 승강기 | 서점 |
|---|---|---|
| 공예실 | 체육관 ||

<F2>

| 보건실<br>상담실 | 승강기 | 초급반<br>(1&2 학년) |
|---|---|---|
| 미술실 | 도서관 ||
| 음악실 |||

<F3>

| 상급반<br>(5&6 학년) | 승강기 | 중급반<br>(3&4 학년) |
|---|---|---|
| 어학실 | 대회의실 ||
| 과학실 |||

<F4>

| 교무실 | | 승강기 | 세미나실 |
| --- | --- | --- | --- |
| 행정실 | 자료제작실<br>학습준비물 | 강의실 | |
| 대학원생실 | 세미나실 | | |

<B1>

| 배전실<br>보일러실 | | 승강기 | 창고 |
| --- | --- | --- | --- |
| 주차장 | | | |

## 4. 현장기반 교사교육

　포문학교의 성패는 특히 교사의 질에 좌우된다. 포문철학에 따라 실천을 설계하고 이를 현장에서 구현할 수 있는 자질을 갖추기 위해서는 상당한 노력과 시간이 요구된다. 이론강좌 중심에다 현장과의 연계까지 느슨한 대학에서 이런 교육을 담당하기에는 한계가 있다.

### 학교중심 교사교육

미국의 뱅크스트리트대학(Bank Street College)처럼 포문교육이 실천되는 학교에서 교사교육도 이루어져야 할 것이다. 포문학교 안에 대학원 과정으로 인턴교사 및 직중교사 교육을 담당할 교사교육대학원을 설치한다. 소위 "직중 연수"도 그 실질적 효과를 위해서는 대부분 학기 중, 학교현장에서, 대학원 과정으로 이루어질 필요가 있다.

### 실천중심 교사교육

소위 '이론 더하기 실천' 모델이 아닌 '반성적(이론적) 실천' 혹은 '실천 중의 반성(이론)' 모델을 따른다. 이론적 탐구에서 실천 경험으로 나아가는 대신, 실천에서 일어나는 문제들을 해결하기 위해 이론적 탐구로 나아가는 방식을 취한다. 수석교사를 중심으로 경력 교사들이 교수진의 대부분을 구성한다.

### 교육과정

2년 과정으로 담임교사과정과 교과교사과정을 둔다. 첫해에는 GRD 100 시리즈의 교과별 학습지도 강좌를 개설한다. 담임교사 과정의 경우 한 학기 2개 강좌(과학-국어, 사회-수학 등) 정도 수강하고, 교과교사 과정의 경우 두 학기 모두 해당 교과의 강좌를 수강한다. 각 강좌는 다음의 세 단계로 순환된다.

사이클 1/3 학습지도 참관
교실에서 아이들의 해당 교과시간을 참관하고 포문학습의 정신을 파악한다.

사이클 2/3 학습지도 설계 및 실천

　　지도할 단원을 재구성하여 블록학습지도안을 작성하고, 그것을 교실에서 실행, 녹화한다.

사이클 3/3 실천 검토

　　녹화된 학습지도를 검토한다. 기술적인 문제는 물론 포문 학습 정신의 구현 정도도 살핀다.

둘째 해는 자율연구(independent study) 과정으로 이론적 연구가 중심이 된다. 여전히 교실수업을 참관하고, 실천에서 생기는 이론적 문제를 탐구하거나 교육이론의 기초를 탐구한다. 이와 관련, 아래에서 예시한 것과 같은 세미나를 학기당 2강좌 내외 신청하여 수강한다. THS 299와 399 강좌를 제외한 나머지 강좌들은 연구생들의 요청에 따라 신설 및 개설여부와 순서가 정해진다.

SEM 201 발달이론

　　아동발달을 종합적으로 다루는 세미나. 아이들의 신체적, 언어적, 지적, 성격적 발달의 역학은 물론, 이들 사이의 생태학적 관계를 실제 사례를 통해 분석하고 이해한다.

SEM 211 좋은 삶

　　교육의 궁극적 목적이 될 '좋은 삶'이 무엇인지를 논의하는 세미나. 덕목주의, 금욕주의, 의무론, 공리주의와 같은 전통적 윤리학은 물론 특히 미학이 여기서 주된 논의의 대상이 된다.

SEM 212 개인과 사회

　　좋은 삶의 사회적 함의를 다루는 세미나. 개인우선주의(고

전적 자유주의)와 사회우선주의(사회주의)와 같은 일방주의 외에도, 개인은 곧 '환경 속의 개인'임을 전제하는(사회적 자유주의) 관계주의를 검토하는 시간이다. 여기서 '공립' 학교와 '공교육'의 의미를 논의해볼 수 있다.

### SEM 213 지식의 기원

지식이 어떻게 가능한가 하는 문제를 다루는, 특히 교육방법과 관련되는 세미나. 경험론(입문론 포함)과 합리론(칸트주의 포함)과 같은 일방주의는 물론, 실험주의(구성주의 포함)와 같은 관계주의 인식론을 다룬다.

### SEM 221 고전적 교육이론

플라톤, 루소, 듀이 등의 교육이론을 다루는 세미나. 특히 듀이의 교육이론을 그의 다른 사상 즉 도덕, 종교, 예술, 사회사상과 관련시켜 집중적으로 다룬다.

### SEM 222 교육과정 연구

국가수준 교육과정이 '표방'하고 있는 철학과 교과서 구성이 '전제'하고 있는 철학의 일치 여부를 다루는 세미나. 초등학교 전체 교육과정의 얼개를 교과별로 구조화한다. 교육이론, 수업이론, 학습이론, 교육과정, 교과서, 학습자료 등의 개념을 분명히 한다.

### SEM 223 학급조직 및 역학

자치를 기반으로 하는 학급사회의 조직과 운영에서 발생하는 실제 문제를 다루는 세미나. '민주주의의 실천'이라는 관점에서 접근한다. 학교 전체로 확대될 수 있다.

### SEM 231 자유주제 세미나

수강생들의 요청에 따라 특정 주제나 학자를 세미나의 주제로 삼을 수 있다.

THS 299 학습지도 공증

4학기 차 전체 교육과정을 마무리하는 강좌. 그간의 연구를 종합하여 단원 학습지도를 설계하고 시연한다. 대학원 전체 회의에서 녹화수업을 발표하고, 이를 통해 포문학습 지도자격을 검증받는다.

THS 399 논문 지도

자격 취득 후, 이론적 문제를 더 탐구하고자 하는 연구생은 언제라도 이 과정에 등록하고 논문지도를 받을 수 있다. 논문 제출을 위해 추가로 수강해야 할 강좌는 없다.

**저널 발간**

가칭 "실천이론"지를 발간한다. 이론 및 정책 연구는 물론, 주로 당사자 연구 결과를 발표하고 교류하는 공간으로 활용한다. 연간으로 시작하여 점차 발간 횟수를 늘린다.

# 맺음말

　　세상이 쉴러의 감성충동 세상이다. 형식충동 혹은 도덕충동은 기껏해야 담론수준에서 목격되는 정도다. 거짓말을 말아야 한다, 남을 배려해야 한다, 수업 중에는 떠들지 말아야 한다.... 그러나 인간은 놀이하는 한 완전한 인간이 된다는 것을 보지 못한다. 놀이충동 없이는 형식충동도 작동되기 어렵다는 것을 알지 못한다. 놀이충동조차 감성충동으로 이해되는 경향이 없지 않다. 플라톤의 최고'선'도 도덕적 차선이 아닌 심미적 최선이다. 행동이 주저되는 '착함'의 문제가 아니라 행동할 수밖에 없는 정말로 '좋음'의 문제이다.

포문학습은 철학이다.
philo-sophy 즉 love of learning이다.
어떤 일이든 과정 자체에 몰입하는 자세,
다시 말해 예술이다.

# 포괄적 문제해결학습

2015년 3월 25일 1판 1쇄 발행

지은이: 조용기
　　　　김현지
펴낸이: 김용시
펴낸곳: 교우사

대구광역시 중구 중앙대로 289
전화: 053-252-8466 팩스: 053-255-8466
홈페이지: http://blog.daum.net/edu-press
이메일: edu-press@hanmail.net
등록: 제25100-2009-32호

ISBN: 978-89-963802-3-8
ⓒ조용기 & 김현지 2015
무단 전제와 복제를 금합니다.

정가: 16,000원